HISTÓRIA DO BRASIL COLÔNIA

COLEÇÃO HISTÓRIA NA UNIVERSIDADE

Coordenação
Jaime Pinsky e Carla Bassanezi Pinsky

Conselho
João Paulo Pimenta
Marcos Napolitano
Maria Ligia Prado
Pedro Paulo Funari

ESTADOS UNIDOS *Vitor Izecksohn*
GRÉCIA E ROMA *Pedro Paulo Funari*
HISTÓRIA ANTIGA *Norberto Luiz Guarinello*
HISTÓRIA CONTEMPORÂNEA *Luís Edmundo Moraes*
HISTÓRIA CONTEMPORÂNEA 2 *Marcos Napolitano*
HISTÓRIA DA ÁFRICA *José Rivair Macedo*
HISTÓRIA DA AMÉRICA LATINA *Maria Ligia Prado e Gabriela Pellegrino*
HISTÓRIA DA ÁSIA *Fernando Pureza*
HISTÓRIA DO BRASIL COLÔNIA *Laima Mesgravis*
HISTÓRIA DO BRASIL CONTEMPORÂNEO *Carlos Fico*
HISTÓRIA DO BRASIL IMPÉRIO *Miriam Dolhnikoff*
HISTÓRIA DO BRASIL REPÚBLICA *Marcos Napolitano*
HISTÓRIA IBÉRICA *Ana Nemi*
HISTÓRIA MEDIEVAL *Marcelo Cândido da Silva*
HISTÓRIA MODERNA *Paulo Miceli*
PRÁTICAS DE PESQUISA EM HISTÓRIA *Tania Regina de Luca*

Proibida a reprodução total ou parcial em qualquer mídia sem a autorização escrita da editora.
Os infratores estão sujeitos às penas da lei.

A Editora não é responsável pelo conteúdo deste livro.
A Autora conhece os fatos narrados, pelos quais é responsável, assim como se responsabiliza pelos juízos emitidos.

Consulte nosso catálogo completo e últimos lançamentos em **www.editoracontexto.com.br**.

Laima Mesgravis

HISTÓRIA DO BRASIL COLÔNIA

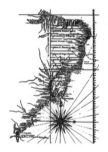

Coleção
HISTÓRIA NA UNIVERSIDADE

Copyright © 2015 da Autora

Todos os direitos desta edição reservados à
Editora Contexto (Editora Pinsky Ltda.)

Montagem de capa
Gustavo S. Vilas Boas

Diagramação
Silvia Janaudis

Coordenação de textos
Carla Bassanezi Pinsky

Preparação de textos
Lilian Aquino

Revisão
Ana Paula Luccisano

Dados Internacionais de Catalogação na Publicação (CIP)
Angélica Ilacqua CRB-8/7057

Mesgravis, Laima
História do Brasil colônia / Laima Mesgravis. –
1. ed., 7ª reimpressão. – São Paulo : Contexto, 2025.
176 p. : il. (História na universidade)

Bibliografia
ISBN 978-85-7244-923-6

1. Brasil – História – Período colonial, 1500-1822. I. Título
II. Série

15-0788   CDD 981.03

Índice para catálogo sistemático:
1. Brasil – História

2025

EDITORA CONTEXTO
Diretor editorial: *Jaime Pinsky*

Rua Dr. José Elias, 520 – Alto da Lapa
05083-030 – São Paulo – SP
PABX: (11) 3832 5838
contato@editoracontexto.com.br
www.editoracontexto.com.br

Sumário

Introdução 7

Os descobrimentos que ampliaram o mundo 9
A ocupação do território 19
A economia colonial 57
A exploração do ouro 79
A evolução da organização política 95
Colônia *versus* metrópole 121
Vida cultural 141
A caminho da Independência 149

Leituras complementares 175

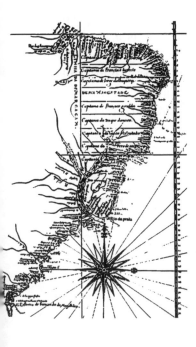

Introdução

    Este livro sobre o Brasil Colônia explica os primeiros 300 anos de nossa história em um relato sucinto, mas suficientemente abrangente. As fontes desse relato são, sobretudo, textos de cronistas, religiosos e autoridades da época, além de trabalhos históricos produzidos nos séculos XX e XXI.
    Embora a época colonial seja um período obscuro e pouco valorizado quando analisamos nossos triunfos e fracassos no âmbito da História da América, não podemos esquecer que foi nele que o Brasil atual foi formado e definido. Portanto, ao pensarmos nas mudanças que queremos fazer em nosso país, devemos levar isso em conta.
    A nossa diversidade étnica e cultural sempre espantou os estrangeiros e, hoje em dia, é um traço admirado e louvado. Porém, ainda falta a igualdade de oportunidades para todos os brasileiros – situação que pode ser compreendida com

um conhecimento mais profundo de nossa história. A diversidade do povo brasileiro é uma consequência da maneira como ele se formou, evoluiu e continua a evoluir. Muitas das hierarquias existentes nele também. Embora a introdução das ideias democráticas ocorrida nos últimos 150 anos tenha fornecido parâmetros para a concretização do ideal de uma sociedade verdadeiramente igualitária, as condições encontradas no ponto de partida continuam a ter um grande peso. E é no passado colonial que podemos encontrar os melhores e piores traços da nossa cultura, como veremos neste livro.

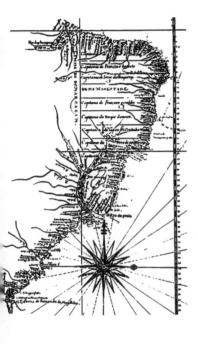

Os descobrimentos que ampliaram o mundo

O termo *colônia* designa a posição jurídica de um país que é posse de outro (a *metrópole*), que, por sua vez, tem toda autoridade sobre ele do ponto de vista político, administrativo e, sobretudo, econômico – o que significa exploração das riquezas da colônia em benefício da metrópole.

A denominação *Colônia* (ou *colonial*) é dada a uma época específica da história brasileira, que vai de 1500 a 1822. Porém, com datas diferentes, ela é comum a todos os países das Américas, pois o nosso continente, desconhecido dos europeus até 1492, foi descoberto e explorado por determinados reinos da Europa por mais de quatro séculos até as primeiras décadas dos oitocentos (com exceção dos Estados Unidos da América, que se libertaram em 1776). Assim, podemos começar nossa narrativa pelo dia 12 de outubro de 1492, quando o navegador genovês Cristóvão Colombo, a serviço da Espanha, partiu de Palos para pro-

10 HISTÓRIA DO BRASIL COLÔNIA

curar o caminho ocidental para as Índias (território que na linguagem da época englobava toda a Ásia).

O caminho até então conhecido, pelo leste, cruzava o mar Mediterrâneo e o Oriente Médio e estava dominado pelos árabes e turcos islâmicos desde 1453, quando eles tomaram a cidade de Constantinopla (atual Istambul). Isso foi um grande golpe para o comércio europeu que dependia da rota oriental para ter acesso a especiarias, sedas, joias e metais preciosos existentes na Índia, na China, no Japão, na Indonésia e nas ilhas do mar Índico. Portanto, encontrar outra rota era um objetivo geral acalentado por italianos, alemães, ingleses, franceses, espanhóis e portugueses. Os mais perseverantes e adiantados no projeto eram os portugueses, que, desde 1415, exploravam a costa africana desde Ceuta até a região do Congo. Os espanhóis, por sua vez, concentravam suas forças nos últimos combates da Reconquista, que visavam expulsar completamente os mouros da Espanha. Quando ela finalmente ocorreu, no ano de 1492, os Reis Católicos, Fernando de Aragão e Isabel de Castela, decidiram apoiar a viagem de Colombo, que, depois de anos de estudo e insistência, conseguira convencê-los da necessidade de testar a hipótese de que era possível alcançar as Índias pelo ocidente. É que o audacioso navegador acreditava – ao contrário de seus contemporâneos, com exceção dos portugueses – que a Terra era redonda. Antes de apelar para os espanhóis, Colombo tentara convencer os portugueses a bancar seus planos, mas só recebeu deles respostas negativas, talvez porque já soubessem que as Índias não estavam próximas da Europa, como ele acreditava.

Com o patrocínio espanhol, portanto, Colombo partiu em viagem e acabou chegando não às Índias, mas ao continente americano. Essa descoberta decepcionou inicialmente seus patrocinadores, que desejavam tesouros que pudessem ser imediatamente explorados; nas novas terras, aparentemente não havia nada para trocar ou roubar. Os habitantes das ilhas do Caribe não eram urbanos nem ricos, viviam nus em cabanas precárias. A única possibilidade de lucro seria usá-los como escravos no próprio local ou na Espanha. Mesmo tendo ficado claro que Colombo não havia chegado às Índias, a denominação de *índios* dada por ele aos nativos manteve-se, tendo sido utilizada pouco mais tarde com relação aos povos das Américas do Norte, Central e do Sul e empregada até hoje.

As pequenas peças de ouro encontradas posteriormente com os indígenas por Cristóvão Colombo (que fez ao todo quatro viagens para o território recém-descoberto), contudo, foram suficientes para manter viva a ideia de que existiriam grandes tesouros nesse Novo Mundo. As incursões exploratórias dos europeus, portanto, continuaram.

A conquista do México pelo espanhol Hernán Cortez, em 1519, revelou ao mundo a existência na América de civilizações milenares governadas como Estados monárquicos, instaladas em cidades criadas por etnias sucessivas, como astecas e maias, precedidas por olmecas e toltecas, desde o período anterior a Jesus Cristo. Os europeus descobriram então que, além de casas e edifícios diversos, essas civilizações possuíam templos em forma de pirâmides em escada de pedra esculpida, onde, após impressionantes procissões, realizavam cerimônias religiosas ornamentadas com flores e penas coloridas. Em situações de crise, como guerras e calamidades naturais, esses nativos faziam sacrifícios humanos com jovens sedados, que tinham seu coração arrancado e oferecido aos deuses. Seu rei poderia também oferecer ao deus Sol o seu próprio sangue, obtido com cortes nos genitais. Rituais como esses horrorizaram os espanhóis, que acusaram os nativos de selvageria, e serviram de argumento para massacres da população local, o saque e a destruição de seu patrimônio.

Concepções de alguns clérigos católicos que alegavam que os índios não pertenciam à raça humana colaboravam para o morticínio. Contudo, o debate entre os adeptos dessa ideia e os religiosos que, além de denunciarem os maus-tratos aos indígenas, defendiam os seus direitos humanos, cresceu a partir de 1518. Essa questão filosófica só foi parcialmente resolvida em 1537 com a bula papal de Paulo III, que proclamou os índios "criaturas de Deus, iguais a todos" e proibiu sua escravização. Mas, na prática, o desprezo pela vida indígena por parte dos europeus que se consideravam seres superiores continuou.

Estudiosos modernos se surpreenderam ao constatar que maias e astecas tinham um grande conhecimento dos movimentos das estrelas e dos planetas, o que lhes permitiu criar calendários mais precisos do que os existentes na Europa e na Ásia na mesma época. Mas, no século XV, o que impressionou os conquistadores foi a enorme quantidade de ouro e prata encontrada com esses povos urbanos. Isso desencadeou uma furiosa corrida em busca do que seria chamado de *Eldorado*, um reino riquíssimo idealizado, cuja localização ficava sempre à frente dos exploradores e os estimulava a prosseguir.

HISTÓRIA DO BRASIL COLÔNIA

A cobiça espanhola foi premiada com a descoberta de outra civilização, a dos incas no Peru, em 1524, que também era responsável por monumentos magníficos de engenharia e arquitetura (templos, muralhas, palácios, estradas e obras de canalização de água).

Os achados dos espanhóis eram acompanhados com atenção pelos portugueses, que aspiravam ter a mesma sorte em seus domínios.

OS PORTUGUESES E OS ÍNDIOS

A exploração portuguesa de novas áreas, fora da Europa, começara quando os portugueses, em 1415, tomaram a cidade de Ceuta, no norte da África, na continuidade de um plano de revanche contra os mouros islâmicos que séculos antes haviam dominado toda península ibérica. A partir de então, os portugueses prosseguiram em sua expansão pela costa africana rumo ao oriente (em 1488, o navegador Bartolomeu Dias descobriu que o cabo da Boa Esperança abria o caminho das Índias; em 1498, Vasco da Gama chegou à Índia). Mas também em direção ao ocidente, estimulados pela descoberta da América por Colombo. Em 1500, os portugueses aportariam no Brasil.

"BRASIL" OU "AMÉRICA PORTUGUESA"?

Quando nosso país foi descoberto, ele recebeu diversos nomes. O primeiro foi "Ilha de Vera Cruz", porque o achamento foi feito por uma expedição patrocinada pela Ordem de Cristo, cujas bandeiras ostentavam a Cruz de Malta. Por volta de 1505, quando se viu tratar de algo maior, o território passou a ser chamado de "Terra de Santa Cruz", nome que constava de mapas confeccionados nos primeiros anos. Por essa época, alguns portugueses se lembraram de uma lenda medieval a respeito de uma ilha que teria sido descoberta por São Brandão, nomeada de "Brasil", e relacionaram-na com a descoberta de Cabral. O encontro de uma madeira que produzia uma tinta vermelha muito útil para tingir tecidos, o pau-brasil, consagrou no imaginário popular europeu o nome "Brasil", que daí em diante passou a ser empregado nos mapas da primeira metade do século XVI. Um mapa resgatado por um historiador, por exemplo, já usa o nome "Brasil" em 1514.

A expressão "América Portuguesa" servia para distinguir as terras consideradas portuguesas do nome geral do continente, "América", porque este sugeriria o direito de posse espanhola, mas foi pouco utilizado na época, bem menos que "Brasil". Assim, consideramos o termo "Brasil" mais adequado para contar a história referente a esse território e seus habitantes.

Mapa de 1565 (feito por Giacomo Gastaldi, cosmógrafo da República de Veneza) em que o território já é chamado de Brasil.

Alguns anos antes, porém, Portugal e Espanha, intermediados pelo papa Alexandre VI, haviam negociado a divisão pelos dois países das terras do Novo Mundo (incluindo as ainda por descobrir), resultando no Tratado de Tordesilhas, de 1494, que dividia os novos territórios entre portugueses e espanhóis. As negociações foram difíceis, porque Portugal queria ampliar o meridiano muito além das Ilhas do Atlântico (Açores), que já lhe pertenciam. Os espanhóis, aproveitando os laços com o papa Alexandre VI, da família Borgia, queriam reduzir a extensão. Finalmente, ficou determinado que o limite ficaria a 370 léguas de Cabo Verde. (A insistência do rei de Portugal quanto à ampliação do limite do paralelo de Tordesilhas e outras menções a esse assunto em documentos contemporâneos convencem

14 HISTÓRIA DO BRASIL COLÔNIA

muitos historiadores de que os portugueses já sabiam da existência do Brasil e tinham interesse em suas potencialidades sociais e econômicas.)

Em 1500, o rei português D. Manuel enviou ao mar a esquadra do comandante Pedro Álvares Cabral com objetivo principal de estabelecer relações diplomáticas e econômicas com os reis de diversos portos das Índias, visando alcançar as fontes originais das especiarias (que ficavam nas ilhas do oceano Índico, como Malaca, Ceilão e vizinhas; já se sabia que para ter acesso a elas seria preciso vencer o monopólio árabe das rotas comerciais, o que ocorreria anos depois).

Nessa viagem, o comandante Cabral fez um desvio quando atingiu certo ponto da costa africana, na região da Guiné, e, apesar do obstáculo das calmarias, chegou à costa baiana onde desembarcou acompanhado de seus homens em 21 de abril de 1500 – data que ficaria conhecida pela História como a do Descobrimento do Brasil.

O encontro dos portugueses liderados por Cabral com os índios brasileiros foi relatado de forma fascinante pelo escrivão Pero Vaz de Caminha em sua carta endereçada ao rei D. Manuel:

> Esta terra, Senhor, parece-me que, da ponta que mais contra o sul vimos, até a outra ponta que contra o norte vem, de que nós deste porto houvemos vista, será tamanha que haverá nela bem vinte ou vinte e cinco léguas de costa. Traz ao longo do mar em algumas partes grandes barreiras, umas vermelhas, e outras brancas; e a terra de cima toda chã e muito cheia de grandes arvoredos. De ponta a ponta é toda praia... muito chã e muito formosa. Pelo sertão nos pareceu, vista do mar, muito grande; porque a estender olhos, não podíamos ver senão terra e arvoredos – terra que nos parecia muito extensa.

Já um piloto anônimo assim descreveu os nativos:

> Estes homens [...] andam nus, sem a menor vergonha e seus cabelos são compridos, e têm o rosto raspado; as pálpebras dos olhos e as sobrancelhas são pintadas com desenhos brancos, pretos e azuis e vermelhos; usam os lábios da boca, isto é, os lábios de baixo furados e neles põem um osso grande como prego. Os outros usam ou uma pedra azul ou uma pedra verde e assobiam através dos ditos furos. As

> mulheres da mesma maneira andam nuas sem a menor vergonha e são
> bonitas de corpo e usam cabelos compridos e as suas casas são de ma-
> deira cobertas por folhas e galhos de árvores.

Sem qualquer constrangimento, os portugueses se consideraram imediatamente donos das terras, das quais tomaram posse solene, com a colocação do marco português no local que chamaram de Porto Seguro e a realização da primeira missa em solo brasileiro. A seguir, a esquadra retomou seu rumo para as Índias.

Depois de outras incursões e novos contatos com os indígenas, os portugueses, no primeiro quarto do século XVI, já tinham uma visão geral dos habitantes da nova terra. Sabiam que eles viviam praticamente nus habitando grandes cabanas coletivas, abertas ou fechadas, cobertas com vegetação bem tecida. Dormiam em redes e usavam pequenas fogueiras entre elas para se aquecerem. Alimentavam-se de raízes (mandioca), milho, frutas, peixes e caça. Como armas, usavam lanças, arcos e flechas, macha-dos, facas e cacetes de pedra. Não conheciam metais até a chegada dos europeus. A diversidade de utensílios fabricados por eles variava conforme as etnias e a região que ocupavam. Algumas delas construíam canoas, usa-das nos rios e no mar para pesca, transporte e guerra.

Dentro dos diversos grupos indígenas havia uma divisão de trabalho básica, em que os homens caçavam, pescavam e produziam armas, ocas (para moradia) e, em alguns casos, cercas de troncos como proteção contra os inimigos; e às mulheres cabia o plantio e o preparo de alimentos, a coleta de produtos vegetais e alguns cereais, a tecelagem e os cuidados com as crianças.

Não foi difícil perceber que, entre si, os indígenas do litoral brasileiro viviam em estado de guerra constante na sua luta por território de caça e coleta (povos caçadores e coletores necessitam de grandes áreas para a alimentação). Seus combates, contudo, não eram muito destrutivos, porque as tribos eram relativamente pequenas, esparsas e nômades, o que impedia que as terras ficassem arrasadas e que as populações fossem aniquiladas.

Porém, chocou muito os europeus o costume indígena de capturar guerreiros inimigos que se destacavam pela coragem. No início, esses pri-sioneiros eram bem tratados, alimentados e podiam até receber uma esposa temporária. Depois, eram levados para o terreiro no centro da aldeia, enfei-tados com penas e pinturas, onde eram amarrados a um poste enquanto a

16   HISTÓRIA DO BRASIL COLÔNIA

tribo e convidados dançavam em volta deles e os provocavam. No momento culminante do ritual, o *morubixaba* (chefe guerreiro), com um *tacape* (espécie de bastão pesado), rachava a cabeça dos prisioneiros. Depois de ter o corpo esquartejado, seus restos eram assados em estrados e finalmente devorados pelos índios, homens e mulheres, que acreditavam que, ao comer os guerreiros, estavam absorvendo sua alma e sua potência.

Esse costume foi logo divulgado na Europa (por meio de relatos como do soldado mercenário Hans Staden, capturado durante lutas no litoral vicentino, que deu informações ao geógrafo Theodor de Bry) e causou terror e desprezo, alimentando a imagem de selvageria dos habitantes do Novo Mundo e as teorias sobre a não humanidade ou mesmo a animalidade dos nativos. Considerados animais, na visão de muitos europeus, os índios podiam ser maltratados, obrigados a trabalhar para os portugueses e mortos sem maiores considerações morais.

A propósito da antropofagia, é preciso informar que era uma característica de tribos tupis, não existindo entre os gês e os caraíbas. Além disso, como conclui o sociólogo Florestan Fernandes, tratava-se de um ritual religioso esporádico que permitia aos índios incorporarem as qualidades combativas do guerreiro devorado. Outros pesquisadores afirmam que ela era uma forma de inspirar terror nos adversários para que se afastassem do caminho das peregrinações periódicas das tribos antropófagas.

De fato, os primeiros contatos dos portugueses com os nativos brasileiros foram razoavelmente pacíficos, porque os lusos ofereciam presentes (como colares de contas coloridas, facas, machados e panelas de ferro) apreciados pelos índios por sua eficiência e durabilidade. Em troca, pediam-lhes o corte e transporte de madeira, especialmente o pau-brasil, além de outros produtos da floresta (penas de aves e animais, como macacos e araras) que seriam levados para Portugal para serem vendidos com algum lucro na Europa. Nessa época, os portugueses não encontraram o ouro que tanto cobiçavam e o sistema de trocas lhes pareceu uma boa opção. Na fase da troca, a boa convivência incluiu algumas uniões de homens portugueses com mulheres indígenas, com alguns lusos sendo, de certo modo, absorvidos pelas tribos. Havia também casos de náufragos (por exemplo, o do homem chamado Caramuru) e de possíveis desertores que se uniram com filhas de chefes e conseguiram exercer influência política quando da vinda das autoridades portuguesas e das levas de colonos lusos, mediando os primeiros contatos entre os nativos e os recém-chegados.

Contudo, o período de relativa calmaria acabou quando os europeus, percebendo as potencialidades bélicas do ferro, relutaram em continuar a fornecê-lo aos índios. Depois de algum tempo, os índios se desinteressaram das quinquilharias e os portugueses passaram a forçá-los a trabalhar. Foi quando começaram as primeiras rebeliões indígenas. Além disso, aumentou o número de portugueses interessados em se estabelecer e *colonizar* as terras, provocando atritos com os antigos ocupantes do território.

Os colonos construíram casas e povoados, desenvolveram a agricultura e passaram a querer obrigar os índios a trabalhar para eles em caráter forçado e supervisionado permanentemente, com vistas à geração de lucros. Além da violência física decorrente da tentativa de imposição do trabalho escravo, ocorreu também um grande choque cultural, porque normalmente os índios do Brasil trabalhavam apenas para satisfazer suas necessidades imediatas, não reconheciam chefes da mesma forma que os europeus e não compreendiam a noção de acumulação. Os portugueses – que, em sua maioria, haviam chegado sós, sem família – também passaram a roubar mulheres indígenas para usá-las como criadas, artesãs e objeto sexual. A partir de então, cresceram os ataques de lado a lado.

Outro grande problema do contato entre nativos e europeus foi a proliferação de doenças. Os corpos indígenas não tinham defesa contra moléstias europeias, como gripes, resfriados, sarampo, varíola e cólera; em razão disso, a mortalidade entre eles foi espantosa. Como exemplo, temos a epidemia de 1560-1562 que matou cerca de 10 mil índios no recôncavo da Bahia – os que fugiram da região levaram as doenças para tribos ainda não contatadas no interior do território, provocando muitas outras mortes.

Em 1540, um choque de índios com colonos acabou com uma grande migração de índios pela Amazônia em direção ao Peru, que deve ser incluída entre os males provocados pelo contato com a civilização europeia junto com a violência dos ataques, a escravização, o sequestro de mulheres e a disseminação de epidemias fatais. A migração dos índios pelo Amazonas – que deixou poucos traços documentais porque a colonização portuguesa ainda não chegara ali – também levou consigo para o interior as doenças europeias.

Os indígenas não aceitaram passivamente as imposições e os estragos em seu estilo de vida feitos pelos estrangeiros. No primeiro século da colonização, alguns grupos chegaram a organizar verdadeiros levantes, como os ocorridos na Bahia (por exemplo, o das chamadas Santidades, um movimento de tipo messiânico) e nas capitanias de São Vicente, São Paulo, Espírito Santo, Rio de Janeiro, Pernambuco e Ceará. De fato, a resistência indígena foi generalizada em toda a colônia desde os Combates dos Caetés em 1556, massacrados em *guerra justa* (a justificativa de "guerra justa" – significando um ataque defensivo – foi usada pelos colonos para atacar índios após a Coroa ter proibido as expedições destinadas a escravizar indígenas) depois que os caetés, em 15 de junho, destruíram o navio que levava o bispo D. Pero Fernandes Sardinha além de muitos outros passageiros.

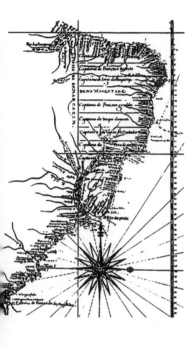

A ocupação do território

A preocupação com a formação de núcleos de povoadores de qualquer cor ou etnia visava garantir a posse da terra por parte da Coroa portuguesa contra as ambições estrangeiras. Em primeiro lugar ela temia os espanhóis, considerando a proximidade dos domínios da Espanha. Mas também temia a ambição de outros europeus, como franceses, ingleses e holandeses igualmente interessados em ouro e prata (porém, estes, devido à conjuntura histórica, na prática, limitaram-se mais aos ataques piratas, roubando navios, cargas e vidas. Tempos depois, a única ameaça mais séria ao domínio português na América seria a dos holandeses, que tinham interesse nos lucros do açúcar).

A Coroa portuguesa optou, então, em 1534, por dividir a faixa portuguesa do território americano demarcado pelo Tratado de Tordesilhas em 15 lotes – *capitanias hereditárias* –, que foram entregues

20 HISTÓRIA DO BRASIL COLÔNIA

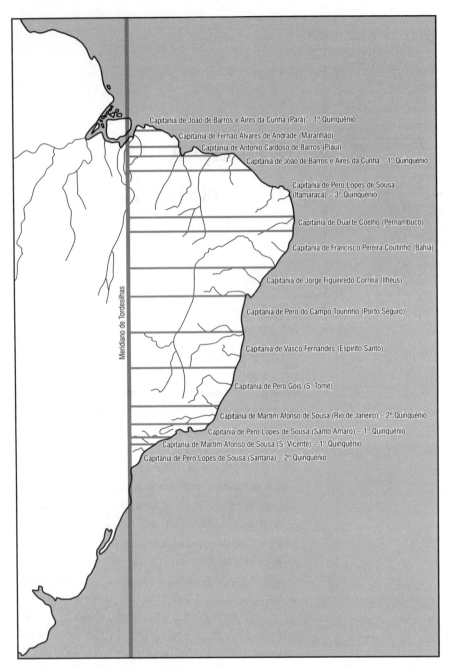

Mapa das capitanias hereditárias com os nomes de seus respectivos donatários.

a 12 *donatários* escolhidos entre altos funcionários e membros da pequena nobreza com condição de bancarem eles mesmos a ocupação da terra.

Foi principalmente por causa da resistência indígena que as tentativas de estabelecimento de alguns donatários – por exemplo, nas capitanias da Bahia, de Ilhéus e do Espírito Santo – fracassaram. Diante da acefalia de diversos pontos estratégicos e da pressão de franceses que tentaram se estabelecer em certos locais do território brasileiro, a metrópole portuguesa decidiu mudar a administração da colônia. Para isso, comprou os direitos do donatário da Bahia, Francisco Pereira Coutinho, que havia sido expulso pelos índios e fugira para o Espírito Santo, e adotou um sistema de *governo-geral*, que seria um poder centralizado, controlado pela Coroa e com condições materiais e humanas para defender a colônia, com sede na cidade de Salvador, a primeira cidade do Brasil, fundada na Bahia pelo governador-geral Tomé de Sousa em 1549.

A instalação do governo-geral, com regimento próprio, e a criação de instituições e cargos administrativos ligados à Coroa favoreceram a progressiva extinção das capitanias hereditárias, conforme veremos mais adiante.

O INÍCIO DO POVOAMENTO E A EXPANSÃO BANDEIRANTE

Entre os primeiros pontos de ocupação e, depois, povoamento português, estiveram o litoral e o planalto paulistas. Em 1532, quando Martim Afonso de Sousa e seu irmão Pero Lopes de Sousa chegaram a essa região, chefiando uma expedição que visava escolher um local para a criação de um núcleo de povoamento permanente, encontraram o náufrago Antônio Rodrigues, que já vivia em meio aos índios locais. Algum tempo depois, depararam-se com outros europeus integrados à vida nativa, como um homem que morava na região de Iguape, conhecido por "Bacharel de Cananeia", e João Ramalho, o personagem historicamente mais significativo, que vivia no planalto, no local onde mais tarde seria fundada a vila de Santo André da Borda do Campo. Não se sabe ao certo se o português João Ramalho era náufrago, se havia sido abandonado em terra ou ainda desertado de algum navio, nem a data de sua chegada ao litoral brasileiro (calcula-se que seja por volta de 1510). De um modo ou de outro, conquistara a confiança do chefe indígena Tibiriçá da aldeia de Piratininga, situada em uma pequena colina estratégica entre os rios Anhangabaú, Tamanduateí e Tietê. A tribo de Tibiriçá era de etnia guarani e estava cercada por tribos tupis com as quais guerreava periodicamente. As qualidades de guerreiro e líder e a adoção dos costumes indígenas levaram João Ramalho a se casar com as filhas de Tibiriçá (Bartira e irmãs), que, em pouco tempo, lhe deram muitos filhos mestiços (ou *mamelucos*, como eram chamados os frutos da união entre portugueses e índios). Com a ajuda de sua grande família e dos aliados indígenas, João Ramalho foi bem-sucedido em guerras em que capturava uma boa quantidade de adversários. Mais tarde, João Ramalho ficaria sócio de Antônio Rodrigues, para o qual, depois de ter convencido Tibiriçá a não sacrificar os inimigos capturados, mandava os prisioneiros, que eram vendidos a navegadores portugueses, que, por sua vez, os vendiam em Portugal como escravos (a comprovação dessa atividade foi encontrada pelo historiador português Jaime Cortesão, que localizou inclusive um mapa de 1520 em que a área litorânea de São Vicente era chamada de "Costa dos Escravos"). Tanto Antônio Rodrigues, em São Vicente, quanto João Ramalho, no planalto, tinham boas relações com indígenas locais por meio de laços pessoais reforçados por casamentos com filhas de chefes indígenas e apoio político mútuo. Por isso, não lhes faltavam escravos indígenas para vender à metrópole.

A iniciativa de João Ramalho marcou o início do *bandeirismo de apresamento* – a captura de nativos para serem usados como escravos –, que seria adotado por outros portugueses, tornando-se, com o tempo, a principal forma de lucro da capitania de São Vicente (depois "São Paulo") até o início do século XVIII, abastecendo, além de São Paulo, o Rio de Janeiro, a região do Rio da Prata, o Paraguai (castelhano) e o Nordeste (quando a escravidão holandesa cortou as fontes de captura da África, como veremos adiante).

A configuração da costa vicentina (paulista) e o acaso histórico deram rumo peculiar ao povoamento e ao destino da região. A área litorânea é estreita com poucos terrenos mais largos propícios à *lavoura açucareira* (uma das opções econômicas adotadas pelos portugueses no Brasil a partir de 1534). Logo adiante, ergue-se a escarpa íngreme da chamada Serra do Mar. Diante dos picos, os primeiros visitantes acreditaram ter se deparado com uma cadeia de montanhas. Na verdade, como se descobriria algum tempo depois, vencida

A OCUPAÇÃO DO TERRITÓRIO **23**

a escarpa, o terreno se estende para o interior de forma suave com um solo bastante fértil e favorável à agricultura.

Além da relativa falta de espaço para a produção de açúcar, a estreita faixa litorânea fértil da região era muito vulnerável ao ataque de piratas. O engenho dos Erasmos (ou Schetz), localizado em Santos, por exemplo, acabou destruído por piratas ingleses (hoje, suas ruínas pertencem à USP e podem ser visitadas por turistas e estudiosos). No planalto, o plantio do açúcar também não se mostrou viável devido à impossibilidade de transportar o produto pelas trilhas inseguras e instáveis da Serra do Mar, verdadeiras devoradoras de vidas.

Martim Afonso e seu irmão tomaram providências para colonizar a região, mas também nutriam o sonho de encontrar ouro, prata e pedras preciosas. Mesmo com a decepção dos portugueses em sua busca por esses bens nas explorações feitas na baía de Todos os Santos, em Ilhéus e no Espírito Santo, as pequenas quantidades de ouro e pedras verdes que se acreditou serem esmeraldas encontradas pelo bandeirante Matias Adorno no "sertão do São Francisco" continuavam alimentando esperanças. (A expressão "sertão do São Francisco" surgiu logo no início da colonização e continuou a ser usada até o século XIX para indicar as áreas pouco habitadas, até pelos índios, às margens do rio São Francisco, desde as nascentes até a foz.) Assim, de São Vicente, Martim Afonso enviou, em 1532, uma expedição de 4 homens e depois outra de 80, que acabariam desaparecendo sem deixar notícia. O rumo definido para essas expedições era seguir em direção ao Peru, onde o espanhol Francisco Pizarro havia encontrado a deslumbrante civilização inca, cujo tesouro incalculável foi roubado e enviado ao rei da Espanha. Conforme os portugueses progrediam no conhecimento do território brasileiro e de trilhas indígenas através do Mato Grosso e do Paraguai, crescia o sonho de encontrar os mesmos tesouros que enriqueciam os espanhóis. Martim Afonso mandaria ainda mais uma expedição, que partiu de Santa Catarina e da qual só voltou um explorador, doente e delirante, mas que trouxe notícias da existência de riquezas do altiplano de Potosí, reanimando os portugueses. Porém, enquanto não encontravam o que de fato queriam, eles exploravam com lucro a captura de índios para uso local e venda como mão de obra escrava.

Cumprindo as obrigações de donatários, Martim Afonso de Sousa e seu irmão Pero Lopes de Sousa fizeram vir ao Brasil, a partir de 1532, colo-

24 HISTÓRIA DO BRASIL COLÔNIA

nos da metrópole e das ilhas dos Açores e, entre eles, alguns poucos casais (introduzindo, pela primeira vez, mulheres europeias no sul da América Portuguesa). Porém, como em outras partes do Brasil, também no litoral e planalto paulistas predominou por muito tempo a imigração de homens sós. Embora a população em Portugal apresentasse um excedente de mulheres (porque muitos homens saíam em busca de riquezas na vastidão do império), o governo português desencorajava a imigração feminina para as colônias com medo de despovoar o reino. Além disso, assustavam as mulheres os perigos da viagem e os relatos das agruras da vida na Colônia, constantemente ameaçada por piratas e índios antropófagos.

OS JESUÍTAS

Além dos colonos propriamente ditos, também vieram de Portugal para o Brasil padres jesuítas com o objetivo principal de catequizar os índios e engordar o rebanho submisso à Igreja Católica. Ao chegar à capitania de São Vicente, por exemplo, deram-se conta da necessidade de obter a cooperação dos colonos liderados por João Ramalho e de seus aliados índios. Apesar de escandalizados de início pelos hábitos dos colonos de andarem nus, participarem de festas indígenas que incluíam até canibalismo e se unirem com várias mulheres índias, os jesuítas revelaram bom senso e espírito prático, desenvolvendo formas favoráveis de convivência com os colonos.

Em 25 de janeiro de 1554, um grupo de jesuítas, chefiado pelo padre Manuel da Nóbrega, que incluía o noviço José de Anchieta, fundou, com o objetivo de ensinar a língua portuguesa e a religião cristã, o Colégio de Piratininga no local onde ficava da aldeia de Tibiriçá, que sobreviveu ainda algum tempo ao lado do Colégio. No início, era apenas uma cabana feita de varas e coberta de sapé, onde foi instalada uma capela, o colégio propriamente dito e o dormitório dos padres. A instalação humilde daria origem à Vila de São Paulo (que depois se tornaria a maior cidade da América do Sul, São Paulo).

Logo que chegaram, os jesuítas começaram a querer mudar os costumes locais em função da doutrina religiosa em que se apoiavam. Se, por um lado, conseguiram adeptos, por outro encontraram muitas resistências. Um exemplo foi a reação contra a imposição do casamento monogâmico defendido pela Igreja. O caso de João Ramalho é ilustrativo: os padres queriam que ele, casado com várias filhas de Tibiriçá, reconhecesse como esposa somente Bartira, expulsando de seu convívio suas outras mulheres e seus respectivos filhos. João Ramalho recusou-se a obedecer e chegou a ser ameaçado com as penas da Inquisição. Diante disso, um de seus filhos gabou-se de que, se de fato viesse, a Inquisição seria recebida a flechadas! Esse assunto nunca chegou a ser resolvido.

Outro ponto de atrito entre jesuítas e colonos ou bandeirantes era a oposição dos padres à escravização de indígenas. Eles se colocaram contra ela, em primeiro lugar, para obedecer à bula papal de 1537, que a proibia, e em segundo lugar (talvez o mais importante), para poder levar adiante o plano que conceberam de forjar na América uma nação cristã pura, sem os defeitos e a crueldade da Europa. Isso criou muitos atritos e disputas em que se alternavam como vencedores ora os jesuítas, ora os colonos, conforme o apoio eventual da metrópole à qual as duas partes recorriam por meio de cartas ou emissários pessoais, cada uma defendendo seu ponto de vista.

Afinal, quem eram os jesuítas? Eram os membros de uma Ordem chamada Companhia de Jesus, criada por Inácio de Loyola na Universidade de Paris, em 1540, para defender o catolicismo e o poder papal contra os protestantes. A descoberta do Novo Mundo e as possibilidades abertas com o comércio nas Índias abriram caminhos interessantes para a catequese e a obtenção de novos adeptos para a religião que defendiam. Assim, os jesuítas assumiram com ímpeto essa missão. Em 1540, os primeiros já chegavam a Portugal; logo depois, marcavam presença na Índia, no Japão e em certas regiões da América. Em 1548, participaram da fundação da cidade de Salvador, onde instalaram um colégio para meninos índios e filhos dos colonos.

No Brasil, os jesuítas foram o primeiro grupo de homens cultos que chegaram à colônia. Tinham o costume de registrar suas observações em cartas que enviavam para Roma e para outros núcleos de catequese (deixando para os historiadores um valioso testemunho da situação colonial). Nos duzentos anos seguintes à sua chegada, destacaram-se no campo educacional, sendo praticamente a única instituição de ensino do Brasil Colônia. Além disso, estenderam seu campo de ação a outras áreas da administração colonial, como pacificação de índios, correção dos "maus hábitos" dos colonos, registro de informações sobre a nova terra, apoio aos governadores.

26 HISTÓRIA DO BRASIL COLÔNIA

A experiência dos jesuítas em São Paulo, Bahia, Espírito Santo, entre outros lugares, demonstrou que eles podiam ser catequizadores eficientes, tendo obtido sucesso na conversão de muitos índios ao cristianismo. O estudo histórico das chamadas "cartas jesuíticas" revela muito sobre os fracassos e os triunfos das metodologias utilizadas na catequese. Por exemplo, quando os jesuítas aplicaram as técnicas pedagógicas em voga na Europa, que incluíam admoestações severas e castigos físicos, tiveram como resposta uma forte reação dos pais dos alunos nativos, que, chocados, retiraram seus filhos da escola e hostilizaram os padres. Ao perceber que nas culturas indígenas não se admitiam castigos físicos em crianças (pesquisas antropológicas atuais mostram que esse modo de agir persiste entre os indígenas no Brasil), os jesuítas passaram a usar outros métodos de catequese, como o emprego de brincadeiras, danças e cantos para atrair as crianças indígenas. Com os adultos, aproveitaram o grande respeito que os índios demonstravam por oradores para lhes contar histórias religiosas e, com isso, transmitir os valores da Igreja. Mas nem tudo foi tão fácil como pareceu em um primeiro momento, quando o batismo foi aceito passivamente pelos índios e eles pareciam dar bastante atenção ao que diziam os padres. De fato, muitas vezes, os jesuítas ficaram desapontados ao verificar que as práticas cristãs eram rapidamente abandonadas. Eles também se preocupavam com a insistência das índias em andar nuas e comparecer assim aos serviços religiosos ou em se oferecer aos padres.

Para obter algum sucesso no processo de *ensinar*, os jesuítas tiveram também que *aprender* com os índios. Tiveram de ser mais flexíveis, conhecer melhor os hábitos culturais dos nativos e aceitar, mesmo que em caráter provisório, alguns dos costumes indígenas. A crescente compreensão da cultura indígena pelos jesuítas levou alguns padres a admirar muitos dos costumes nativos (como a sua "gentileza natural", a "simplicidade nos costumes", a boa vontade para com estranhos, o desapego aos bens materiais), ainda que condenassem sem trégua suas guerras tribais, a antropofagia e a poligamia.

Por outro lado, já nas primeiras impressões, os jesuítas se escandalizaram com o tratamento dado aos índios pelos colonos que os brutalizavam e exploravam sexualmente (as mulheres), provocando levantes e lutas que punham em perigo o projeto de colonização.

Os jesuítas podiam ser admirados pela dedicação e capacidade em doutrinar os índios e vistos como aliados obrigatórios da Coroa e dos colonos na obra da colonização, ou detestados e combatidos pelos colonos pelo prejuízo que causavam ao defender os indígenas contra os maus-tratos e a escravidão. A convivência de jesuítas e colonos oscilava, portanto, entre a colaboração em situações de perigo e uma hostilidade latente ou aberta em decorrência das desavenças sobre a questão da captura de índios.

Como forma de preservar os índios do contato brutal com os colonos, os jesuítas apoiaram a solução apresentada em 1566, depois de longas negociações, pelo governo português de criar *aldeias* de índios que fossem administradas pelos padres. Em troca, os jesuítas deveriam fornecer indígenas para trabalhar por determinado tempo para os colonos mediante pagamento, de modo a permitir a manutenção da estrutura familiar indígena. Infelizmente, o acordo, que parecia relativamente justo e razoável para os jesuítas, revelou-se pouco factível e muito prejudicial para os índios. O fracasso relativo se deveu à atitude dos colonos que exigiam o empréstimo dos índios sem pagar por isso e não os devolviam na época devida, como mandava a lei.

Nos fins do século XVI, os jesuítas já planejavam formar aldeamentos, as *missõe*s, em áreas afastadas dos núcleos coloniais, onde poderiam criar sob seu controle uma civilização indígena cristã longe da ação deletéria de colonos e bandeirantes. Em sua utopia, esperavam manter sociedades apartadas dos vícios e males dos europeus, a saber, a guerra, a cobiça e a violência. Achavam possível fazer dos índios católicos perfeitos.

A diminuição da população indígena em razão das lutas contra os colonos e das epidemias levou o governador Tomé de Sousa e seus continuadores a prestigiar a criação de um aldeamento missionário na Bahia e, depois desse, em outras capitanias. Em poucas décadas, os jesuítas conseguiram implantar aldeamentos no sul de Mato Grosso (o Itatim), no Rio Grande do Sul (os Tapes), no Paraguai (o Guairá) e outros ao redor do de São Paulo (como o Pinheiros, o São Miguel, o Carapicuíba, o Embu Mirim, o Embu Guaçu, o Itapecerica, entre outros). Esses aldeamentos tinham escolas, oficinas de artesanato, cabanas para os indígenas morarem, capelas e alojamentos para os padres (cerca de dois por missão). Nas missões, os indígenas aprendiam ofícios, artes, religião, escrita e leitura. Aproveitando o desinteresse cultural indígena pela acumulação de bens materiais, as missões abrigaram uma sociedade em que todos tinham uma vida relativamente confortável e simples com os bens partilhados em comum. Em alguns desses povoados, revelaram-se o talento e a capacidade dos índios com a criação de um estilo estético chamado *missioneiro* ou jesuítico, em que motivos cristãos eram mesclados a elementos indígenas de grande beleza. (Ainda hoje existem alguns resquícios dessas construções missionárias – edifícios, muros e igrejas – que atraem o turismo.) Muitos índios demonstraram vocação para a música e, em certos aldeamentos, havia até orquestras e corais.

As aldeias administradas pelos jesuítas tiveram sucesso como ponto atração de índios, que ali contavam com alguma proteção contra os inimigos. Enquanto houve grande disponibilidade de índios não cristianizados a seu alcance, os bandeirantes paulistas deixaram em paz os aldeamentos mais afastados dos povoados coloniais. Porém, o sucesso e a prosperidade de algumas missões, além da possibilidade de lá encontrar reunidos um grupo de índios pacificados, atraíram a cobiça dos bandeirantes paulistas, que passaram a destruí-las em sucessivos ataques, capturando índios, que eram levados para São Paulo e também vendidos fora da capitania. Em certos momentos, porém, os bandeirantes encontravam grande resistência da parte dos índios *missionados*, perdendo muitos companheiros de *bandeira*.

Podemos dizer que, mesmo quando os jesuítas lutavam contra os colonos, os interesses econômicos e políticos da metrópole acabavam por predominar. A colônia devia dar lucro; isso era a principal razão de sua existência. Com a introdução da cana-de-açúcar como o produto comercial por excelência destinado a enriquecer a metrópole, todas as outras questões acabaram tendo que se subordinar a esta. Enquanto os jesuítas podiam ser úteis a esse projeto colonial, o governo-geral foi administrando politicamente as crises que por ventura surgiam em razão dos interesses dos grupos distintos, com idas e vindas que ora favoreciam os padres e índios convertidos, ora os colonos e bandeirantes. Ao mesmo tempo, as autoridades portuguesas estavam atentas para evitar que os jesuítas se tornassem poderosos demais. Uma frase de Manoel da Nóbrega dita a respeito da região em que atuava – "Esta terra é nossa empresa" – chegou a ser bastante citada entre colonos e autoridades portuguesas e espanholas que temiam um plano de apossamento da América como território da Companhia de Jesus.

JESUÍTAS: ALIADOS OU INIMIGOS DA COROA E DOS COLONOS?

As relações entre as autoridades portuguesas, os colonos e os jesuítas sempre foram complexas e ambíguas, variando também conforme as situações criadas pela atuação do quarto elemento: os índios.

A Coroa queria uma colônia pacífica, povoada e produtora de riquezas. Os colonos queriam escravos e mulheres que pudessem servi-los e satisfazer seus desejos sexuais. Os jesuítas queriam salvar a Europa dos protestantes heréticos e converter os pagãos da América, África e Ásia para aumentar a quantidade de católicos seguidores de seu modo de pensar. Os índios queriam viver em paz e a saída de todos os forasteiros.

Portanto, com relação aos índios, a Coroa não queria sua extinção, pois contava com eles para garantir a ocupação da colônia, mas não se importava muito com a maneira como eram usados para gerar riquezas. Os colonos, antes da importação maciça de africanos, queriam usar os índios como mão de obra escrava (e as índias como objeto sexual). Quando temiam os confrontos ou precisavam de ajuda para se adaptar, procuravam conviver pacificamente com os índios; quando pensavam que podiam submetê-los ou quando já contavam com os escravos africanos, passaram a desprezá-los.

Os jesuítas, por sua vez, procuravam conciliar os objetivos da Coroa e dos colonos com sua utopia de, com a conversão e a doutrinação dos índios, criar e liderar um povo de "cristãos puros e tementes a Deus". Quando ajudavam a pacificar os nativos ou administrar a colônia, colaboravam com os interesses da Coroa e dos colonos. Quando se colocavam totalmente contra a escravidão indígena ou agiam com muita independência, entravam em atrito com eles.

No século XVIII, ocorreu o confronto entre os colonos e as missões do Grão-Pará e Maranhão pelo direito de organizar expedições pelos rios da Amazônia com o objetivo de coletar as *drogas do sertão* (produtos florestais usados como remédios), alimentos, penas de aves, aves vivas, madeiras preciosas etc. Os jesuítas, instalados nessa região desde fins do século XVII, enfrentaram a resistência dos colonos locais que não aceitavam esse lucrativo sucesso empresarial dos padres. Como diretores espirituais e administrativos das missões, os jesuítas tinham facilidade de obter o apoio dos índios nas expedições que organizavam. Assim, conseguiam fazer uma coleta bem planejada e de curta

30 HISTÓRIA DO BRASIL COLÔNIA

duração, de modo que não afastavam os índios por muito tempo da tribo em que viviam e trabalhavam, garantindo seu sustento e o dos demais membros.

Os colonos, por sua vez, exigiam dos padres o empréstimo dos índios missionados para usá-los sem piedade nos serviços de manejo das canoas e de coletas feitas por longos períodos, em jornadas que chegavam a ser mortais pelo excesso de trabalho.

Como em outras ocasiões, o litígio junto à metrópole durou bastante, até meados do século XVIII, quando a mudança da situação geopolítica na Europa e a ascensão do rei D. José I ao trono finalmente alteraram a política portuguesa. O poderoso ministro de então, o marquês de Pombal, se tornou o maior inimigo da Companhia de Jesus. Ele fez uma bem-sucedida campanha nas cortes europeias e finalmente conseguiu, em 1758, a extinção da Ordem e sua expulsão de Portugal e de todos os demais reinos europeus.

Com isso, no Brasil, os índios pacificados passaram à administração local dos colonos, sendo que, em poucos anos, as missões ainda existentes acabaram esvaziadas ou destruídas. (Os indígenas foram abandonados à própria sorte até o início do século XX, quando começou a reforma das instituições, já no período republicano, inspiradas por novas visões científicas e filosóficas, como o positivismo adotado pelo general Rondon. Apesar dos efeitos desastrosos do contato com os "brancos", houve grande miscigenação no Brasil; pesquisas científicas de fins do século XX comprovaram que 67% da população brasileira tem genes indígenas.)

Devido às características culturais do nomadismo indígena brasileiro e de sua população esparsa dizimada por epidemias, não se formaram no Brasil vilas do tipo que surgiram na América Espanhola, onde, em torno das igrejas, os padres concentraram núcleos populacionais indígenas – o que permitiu aos historiadores avaliar melhor o alcance da cristianização e sua importância na cultura nativa local. No Brasil, essa avaliação do grau de sucesso da "conquista espiritual" dos nativos nos tempos coloniais é mais difícil de ser feita em razão dos poucos traços identificáveis da ação missionária.

BANDEIRANTES NO NORTE E NORDESTE

A situação política na Europa nas primeiras décadas do século XVII também favoreceu os ataques bandeirantes às missões jesuíticas no Brasil.

A OCUPAÇÃO DO TERRITÓRIO   *31*

Nessa época, as relações comerciais de Portugal com a Holanda foram prejudicadas pelo levante da população protestante deste país contra a política espanhola de perseguição aos não católicos. O problema com Portugal surgiu devido ao fato de que, entre 1580 e 1640, o país fez parte do Império Espanhol e se viu, portanto, envolvido nessas questões.

Desde o século anterior, a produção açucareira brasileira era refinada e vendida pelos portugueses na Europa por meio de seus sócios holandeses. Com a guerra de holandeses e espanhóis, o acesso dos holandeses ao Brasil foi prejudicado, por isso eles passaram a atacar as regiões açucareiras (para conseguir chegar diretamente ao produto, começando pela Bahia em 1624) e a apresar os navios negreiros vindo da África (para roubar sua carga). Expulsos da Bahia em 1630 pelos colonos portugueses lá instalados, os holandeses se apoderaram de Pernambuco em 1635 e, anos depois, tomaram a região de Angola, na África, principal fornecedora de escravos para os engenhos no Brasil. Os combates no Nordeste brasileiro e os ataques e conflitos no mar acabaram desorganizando a economia açucareira no Brasil.

Para suprir a deficiência de escravos africanos, os colonos nordestinos recorreram ao mercado vicentino (ou paulista), que lhes vendia índios capturados. Essa grande expansão da demanda entusiasmou bandeirantes como Fernão Dias Pais Leme (destruidor das missões dos Tapes) e Antônio Raposo Tavares (que atacou as missões do Itutins e do Guairá).

Apesar da corajosa resistência dos indígenas apoiados pelos jesuítas, a destruição de aldeamentos missionários foi geral; milhares de índios foram capturados. Um relato da cruel jornada a que foram submetidos (amarrados, com ferros nos pés e pouca alimentação) até seu destino final foi enviado pelos jesuítas com queixas para a metrópole, que, por sua vez, preferiu praticamente ignorar o assunto. (A propósito do ataque a Guairá, foi feito um filme chamado *A Missão – The Mission*, de 1986 – dirigido por Roland Joffé, que ilustra bastante bem a tragédia humana da destruição da utopia jesuítica, da violência contra os índios e dos dramas éticos e morais dos missionários que se viram forçados a pegar em armas contra seus compatriotas.)

Para obter mais escravos, alguns bandeirantes saíram à procura de grandes tribos indígenas ainda não contatadas. Antônio Raposo Tavares e seus seguidores, por exemplo, em 1648 começaram uma expedição que seguiu através do rio Paraguai e dos afluentes do rio Amazonas; depois percorreram o Amazonas até sua foz. Contudo, se depararam com tribos do Amazonas e do complexo Tocantins/Araguaia extremamente agressivas e com muitos membros. Não há notícia de captura bem-sucedida. Além disso, as condições geográficas da floresta amazônica se mostraram muito difíceis para os bandeirantes e apenas um número muito reduzido deles, com Raposo Tavares à frente, conseguiu chegar a Belém do Pará. (Esta viagem foi o primeiro périplo do Mato Grosso do Sul ao porto de Belém do Pará e gerou informações preciosas para os portugueses, que, no século seguinte, as utilizariam como base nas negociações para o mais importante *tratado de limites* do Brasil, o Tratado de Madri, de 1750, que demarcaria em caráter definitivo as nossas fronteiras com a América Espanhola.)

A partir da década de 1640, os bandeirantes paulistas passaram a lutar contra os índios também no Nordeste. Ali, os indígenas aldeados ou ainda independentes se aproveitavam da desorganização político-administrativa dos colonos em disputa com os holandeses para atacar fazendeiros (criadores de gado) no sertão, aproximando-se ameaçadoramente do litoral. Algumas tribos se aliaram aos holandeses e até aceitaram missionários protestantes em seu convívio, o que irritou a Igreja Católica. As forças militares locais e até as tropas enviadas pela metrópole se viram em situação de inferioridade frente à "guerra de guerrilhas" empreendida pelos índios, que ficaria conhecida como Guerra dos Bárbaros. *Bárbaro* era um termo correspondente ao *tapuia ges,* usado pelos tupis do litoral que consideravam os índios dessa etnia culturalmente inferiores. Os chamados "tapuias ges" não construíam aldeias e ocas permanentes, não conheciam a navegação, não usavam arcos e flechas, empregando em seus embates apenas lanças e tacapes. Sua técnica de combate era muito assustadora para os inimigos, porque esses índios não atacavam em grupos e aos gritos. Pelo contrário, seguiam os adversários em total silêncio, matando-os um por vez.

Do ponto de vista dos colonos, esse inimigo, silencioso e implacável, perfeito conhecedor do terreno, era muito difícil de enfrentar. Parecia invencível. Foi quando as autoridades portuguesas do Nordeste se lembraram dos bandeirantes paulistas, famosos por seus costumes rudes, seu hábito copiado dos indígenas de andar descalços e com pouca roupa, seus coletes de couro protetor, sua habilidade no uso de armas indígenas (arcos, flechas, lanças) e sua capacidade de suportar por longo tempo uma alimentação frugal composta por carne, milho e farinha de mandioca. Assim como os índios, esses paulistas eram hábeis em seguir rastros e descobrir esconderijos.

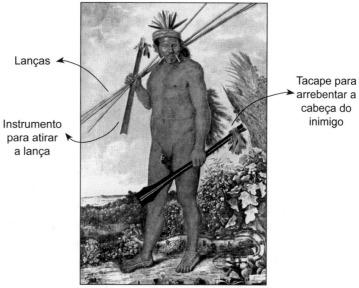

Índio tapuia na ilustração de Albert Eckhout, de 1641.

As autoridades, então, convidaram bandeirantes como João Amaro, Maciel Parente e Manuel Cardoso de Almeida (companheiro de Fernão Dias Paes na busca de ouro no sertão de Minas Gerais) para combater e apresar índios com o objetivo de fazê-los trabalhar à força em *sesmarias*, concessões de terras que esses bandeirantes receberiam nos sertões do rio São Francisco, entregando, em troca, 1/5 dos capturados para a Fazenda Real. Foi dessa maneira que muitos paulistas acabaram se instalando na região (deixando, inclusive, seus nomes em vários acidentes geográficos).

Alguns deles, como Domingos Jorge Velho, depois de combater os índios, participariam de ataques aos africanos refugiados nos quilombos dos Palmares, na serra da Barriga. Outro Domingos Jorge Velho desbravou o sertão e conquistou o território do Piauí, onde acabou criando e comandando extensas fazendas de gado que legaria aos jesuítas e as quais, depois da expulsão destes, passariam às mãos do governo colonial.

Com a pacificação forçada dos índios do interior do Nordeste e o lento povoamento da região, consolidou-se ali a pecuária e a cultura *vaqueira* (como veremos adiante).

34 HISTÓRIA DO BRASIL COLÔNIA

Chegamos então nos fins do século XVII com o domínio colonial português estabelecido e explorado ainda que precariamente. Mais tarde, no Tratado de Madri, de 1750, seria aceito o princípio do chamado *uti possidetis* defendido diante dos negociadores do tratado pelo brasileiro santista Alexandre de Gusmão, secretário do rei D. João IV. O princípio do *uti possidetis* (expressão latina que significa "quem possui") foi depois consagrado como princípio legal diplomático em que o direito de posse era de quem apresentava as provas mais concretas e decisivas da ocupação do território. É nesta questão que os historiadores valorizam a ação persistente e contínua de Alexandre de Gusmão de reunir dados geográficos e históricos que garantiram a vitória das reivindicações portuguesas.

De forma paradoxal e até cruel, essa política de posse foi imposta pelas necessidades e ações dos bandeirantes paulistas, que acabaram ampliando o território brasileiro, a parte da América pertencente a Portugal, muito além dos limites estabelecidos anteriormente pelo Tratado de Tordesilhas.

QUEM FORAM OS BANDEIRANTES?
(OU COMO ELES FORAM VISTOS HISTORICAMENTE)

O imaginário social a respeito dos bandeirantes variou conforme o momento histórico. Nos primeiros tempos do século XVI, eles inspiraram um misto de respeito pela sua coragem, frugalidade e disposição de defender a sua vida contra ataques de índios e piratas. Por um lado, eram famosos pela sua dureza contra os índios que capturavam. Por outro, devido à sua ascendência, revelavam uma boa compreensão dos costumes indígenas e capacidade de se comunicar com índios. Quando foram necessários para as Guerras dos Bárbaros, foram bajulados pelos nordestinos e as autoridades portuguesas.

A descoberta do ouro no fim do século XVII valorizou ainda mais sua imagem. Porém, esse prestígio logo se enfraqueceu em razão de inveja e competição pelas riquezas minerais. Os testemunhos oficiais do século XVIII os descrevem como "indomáveis", "arrogantes" e "desobedientes perante a Coroa".

O século XX reforçou a imagem heroica depois substituída pela de "cruéis destruidores de índios". A ideia de heroísmo foi alimentada pelos paulistas, que, desde a virada do século XIX para o XX, ascendiam economicamente no Brasil com as lavouras de café e a industrialização; para coroar seu sucesso, resgataram a figura dos bandeirantes como "grandes desbravadores", "homens corajosos e empreendedores" que, com suas expedições, ampliaram o território brasileiro.

Combate contra botocudos, Jean-Baptiste Debret (1827).

O desgaste da imagem dos bandeirantes no século XX decorreu da valorização dos grupos indígenas e de sua cultura nos meios acadêmicos e em certos órgãos governamentais.

Em termos históricos, o mais adequado é compreendê-los situados em seu tempo, tal como é feito neste livro.

OS AFRICANOS

O Brasil, desde o início, apresentou à metrópole problemas específicos para sua ocupação rentável. Do ponto de vista dos portugueses, as riquezas extrativas encontradas eram rarefeitas e pouco lucrativas. (Os metais preciosos foram por quase duzentos anos uma miragem que atraiu aventureiros, cujas buscas acabavam geralmente de forma trágica.) Portugal também tinha seus próprios problemas, por exemplo, a desproporção entre sua população pequena (cerca de 1 milhão e 500 mil habitantes) e o tamanho do império (que abrangia ilhas do Atlântico, como Madeira, Açores e Cabo Verde, a costa africana, a Índia e o Japão!) que devia ocupar e administrar. Assim, para "criar riquezas", o caminho foi incentivar a agricultura de exportação.

O sucesso da produção açucareira nas ilhas do Império português acenava com uma solução interessante, mas faltavam braços e capitais para desenvolver essa atividade no Brasil. Além disso, a mentalidade que movia os portugueses aventureiros era o sonho da riqueza fácil obtida pelo saque. Eles achavam mais interessante se engajar nos navios que rumavam para a África e as Índias, onde poderiam comerciar ou participar de combates lucrativos. Não aceitavam com facilidade, portanto, a ideia de exercer um trabalho braçal em clima quente e sob o risco de ataques de índios. Portugal resolveu, então, recorrer ao trabalho escravo dos africanos, que seriam trazidos à força para o Brasil.

O comércio de escravos africanos – o chamado "ouro negro" – já prosperava há quase meio século; capturados na região do rio Níger, os negros escravizados eram vendidos para os lavradores da metrópole portuguesa. Do ponto de vista de Portugal, como escravos, os negros africanos ofereciam grandes vantagens em relação aos índios brasileiros: tinham maior resistência natural às doenças epidêmicas dos europeus, como, por exemplo, varíola, cólera, sarampo, gripes e outras infecções, pois partilhavam os anticorpos; estavam acostumados a viver sob a autoridade e controle de seus superiores hierárquicos, já que provinham de culturas estruturadas com chefes, reis, príncipes, nobres, sacerdotes e também escravos. Além disso, pesou enormemente na decisão de adotar escravos africanos no Brasil o fato de o tráfico trazer lucros extraordinários para comerciantes, armadores de navios e capitalistas da época.

Os povos africanos já eram conhecidos pelos europeus desde a Antiguidade, nem sempre como escravos. Com eles os europeus estabeleciam relações normais para aqueles tempos, em que alguns povos eram conquistados e escravizados enquanto outros eram tratados como parceiros. Os romanos registraram a existência de contatos antigos na região do Norte da África, e sabe-se que ali e no Egito já havia povos cristãos.

A decadência econômica do fim da Idade Antiga e a influência do cristianismo quase extinguiram a escravidão na Europa. A Conquista árabe islâmica (iniciada em 711 com a invasão do reino visigótico da Espanha, que incluía a região que mais tarde seria Portugal) trouxe "de volta", ainda que em pequena escala, a instituição da escravidão à península ibérica.

De fato, no século XV, na costa oriental africana, a escravidão era uma atividade bastante desenvolvida pelos árabes e islamizados. Os reinos swahili e outros na costa do oceano Índico, por sua vez, tinham contato com a Ásia, e suas especiarias e demais tesouros, e com o Oriente e ilhas por meio dos árabes. De lá importavam armas, roupas, joias, especiarias, plantas, que depois chegavam ao Oriente Médio, de onde partiam para a Europa. Além de ser consagrada pelos costumes de alguns povos do continente, a escravidão na África foi muito encorajada pela conversão ao islamismo, que justificou a prática, e pela ação dos mercadores árabes que vendiam escravos pelo Mediterrâneo, no Oriente Médio e na Ásia. Os escravos africanos negros eram capturados por meio de subterfúgios e enganos ou comprados das mãos de reis e chefes tribais que costumavam vender prisioneiros de guerra, rivais políticos, além de seus próprios parentes (até filhos!).

Apesar do desuso da escravidão na Idade Média, os portugueses, desde o século XV, compravam negros da África (ou mesmo os capturavam diretamente) e os empregavam como escravos em Portugal.

Depois da Reconquista, na época dos Descobrimentos e explorações coloniais, o comércio de escravos empreendido pelos portugueses se intensificou. Do século XV em diante, o grande continente africano foi visto como fornecedor de ouro (metal precioso) e de "ouro negro" (mão de obra escrava para as Américas, além do Oriente Médio). Esse "produto" tinha um mercado certo na metrópole portuguesa e nos países vizinhos. Em torno dele criaram-se então grandes interesses econômicos. A partir de 1500, desenvolveu-se um comércio de escravos extremamente lucrativo para comerciantes, armadores de navios e capitalistas (fornecedores de empréstimos) europeus que acumularam fortunas incalculáveis que financiariam, por exemplo, a industrialização na Inglaterra (e depois nos Estados Unidos, nos Países Baixos, na França, na Alemanha, na Suíça, entre outros locais). Até o século XIX, portanto, a captura e o tráfico de escravos negros trazidos da África para a América favoreceriam a acumulação de grandes capitais.

Já no século XVI, começou a funcionar o chamado "comércio triangular do Atlântico": produtos manufaturados (tecidos, armas, metais) europeus eram levados para África, onde eram trocados pelos escravos africanos também pagos com fumo e aguardente obtidos no Brasil, que, por sua vez, exportava açúcar, produzido por mão de obra escrava, para a Europa.

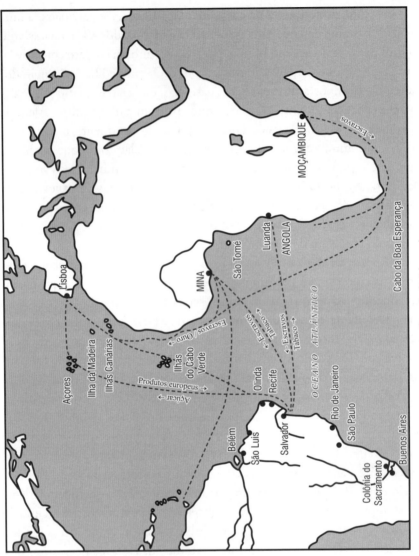

Comércio triangular.

Obviamente, as formas de obtenção de escravos se aprimoraram e o tráfico chegou a uma escala antes nunca vista. Além da captura pela força, pela traição ou pelo engodo (atraindo os negros com tabaco, aguardente ou tecidos), os europeus passaram a obter escravos a partir de guerras tribais estimuladas por eles, inclusive com fornecimento direto de armas.

A OCUPAÇÃO DO TERRITÓRIO **39**

Uma vez capturados, os escravos eram armazenados em *feitorias* (estabelecimentos comercial e militar) localizadas nos portos africanos, como os de Loanda (Angola), ou em *fortes* nas costas do Ouro, do Marfim, da Guiné, onde a "mercadoria" ficava à espera dos navios negreiros que a transportariam para os locais de trabalho. O transporte era feito em qualquer tipo de barco improvisado em condições terríveis de desconforto; os cativos viajavam encerrados em porões infectos, o que causava grande mortandade. Entre os traficantes, só os portugueses fizeram algum tipo de ajuste em suas dependências para abrigar a "carga" (por exemplo, instalaram prateleiras para servir como beliches, onde os cativos podiam ao menos se deitar).

A política de trazer ao Brasil escravos de diversas regiões africanas, assim como a de separar parentes, evitando o transporte de famílias, atuou no sentido de evitar a formação de grupos de apoio que pudessem oferecer resistência contra os *senhores* nas terras de destino.

A violência já começava na África, com a crueldade da captura, os maus-tratos no transporte em terra, a espera dos navios nos depósitos apinhados de gente. Embarcados, os escravos eram marcados a ferro (no ombro, no peito ou na perna) e ficavam acorrentados até o barco atingir uma distância da costa que os impedisse de fugir a nado. Durante a viagem marítima até o Brasil, feita em péssimas condições, muitos morriam de fome ou doenças. A violência da escravidão prosseguia na chegada dos sobreviventes, nos constrangimentos sofridos em terra e na sua exposição como mercadoria à espera dos compradores em armazéns, onde a má alimentação e o desespero levavam ao banzo, um estado de depressão e desejo de morte que consumia e chegava a destruir muitos deles. A crueldade contra esses seres humanos prosseguia no trabalho forçado, nos castigos físicos e psicológicos a que eram submetidos pelos senhores ou seus capatazes.

*

O tráfico de escravos negros, nos 400 anos que durou, promoveu o maior movimento migratório da humanidade conhecido até então. Para avaliar o número dos africanos trazidos para o Brasil, os historiadores dispõem de dados esparsos e pouco confiáveis, porque, além das cargas oficialmente registradas, havia também o comércio clandestino feito por contrabandistas estrangeiros e por piratas. Com isso, as estimativas oscilam entre 10 e 20 milhões de escravos nos 400 anos dessa infâmia no país.

40 HISTÓRIA DO BRASIL COLÔNIA

Escravidão negra

Usar *negro* como sinônimo de *escravo*, algo historicamente datado, esteve na base da tragédia que marcou a vida de um grande número de seres humanos. Essa forma de encarar uma parte da humanidade de origem africana começou em um momento determinado, há cerca de 500 anos, atendendo a interesses específicos, como veremos.

Atualmente, não há dúvidas entre os cientistas de que a África foi o berço da espécie humana. Segundo suas descobertas, há cerca de 2 milhões de anos, a espécie humana se definiu como tal e passou a evoluir afastando-se dos seus semelhantes primatas. Essa evolução, que teve diversos começos e se deu em alguns pontos do continente africano com variações, a cada passo de milhares de anos, aproximou os chamados hominídeos do homem atual. Esse caminho não foi fácil nem tranquilo, tendo sido atrasado ou adiantado em determinados momentos, além de ameaçado por desastres geológicos e climáticos, desertificações, inundações, formação e destruição de oceanos e catástrofes globais (algumas delas quase destruíram a espécie, que se viu, por vezes, reduzida a poucos milhares de indivíduos). Foi numa dessas ocasiões que saiu da África um pequeno grupo em que participava uma mulher, à qual os cientistas dariam o nome de Eva Africana (considerada a "mãe da humanidade"). Isso porque uma pesquisa feita na Inglaterra nas décadas de 1980 e 1990 com indivíduos representantes de todas as etnias e povos do mundo atual detectou um componente genético feminino comum. Com isso, ficou claro que não existem *raças humanas,* mas apenas uma *espécie humana,* com variações superficiais, no todo pouco significativas, de cor da pele, formato do rosto, cabelos etc., que podem ser atribuídas a mutações geradas por diferenças climáticas e geológicas. Ou seja, podemos dizer que todos os humanos são irmãos genéticos.

Julgamos necessária essa introdução científica porque a questão racial não foi um problema significativo em *toda* a história da humanidade; só se tornou relevante há cerca de 500 anos, quando indivíduos da chamada "raça negra" passaram a ser sistematicamente escravizados ou identificados como escravos em potencial.

A escravidão de povos e grupos humanos existiu desde a formação das sociedades urbanas independentemente de "cor" ou "raça", como a que, por exemplo, acontecia na Roma antiga como parte da exploração dos povos

A OCUPAÇÃO DO TERRITÓRIO 41

conquistados pelos romanos. Com a difusão do cristianismo e queda do Império Romano, a escravidão do tipo antigo entrou em declínio, sendo substituída pela servidão (*os servos* eram homens ligados à terra dominada por um *senhor* ao qual serviam, não podendo ser deslocados e comercializados como se fossem mercadoria). Nessa época, os negros que chegavam à Europa vinham em pequena quantidade e eram naturalmente absorvidos pela população por meio da miscigenação, como tantas outras pessoas.

Na África, o cristianismo conquistou povos inteiros, como os etíopes e os coptas no norte do continente. Houve inclusive santos cristãos negros, como São Benedito (um dos primeiros franciscanos da Sicília) e Santa Ifigênia, entre outros. A Igreja de então, portanto, não os excluía.

A situação mudaria no século XIV, época em que Portugal começou sua expansão pelo Norte da África, onde a escravidão entre os povos muçulmanos era prática comum, como vimos. Lá, os conquistadores europeus perceberam a lucratividade do comércio de escravos vendidos na península ibérica e passaram a cobiçá-la. Com isso, a mentalidade também mudaria; o modo de encarar os "negros" não seria mais o mesmo.

Pesquisando documentos portugueses, historiadores encontraram um bom exemplo dessa transição. Na época em que os cristãos da Espanha e de Portugal começaram a perseguir e massacrar judeus e mouros ou forçar sua conversão ao cristianismo, na península ibérica a documentação eclesiástica e administrativa passou a determinar a proibição de "judeus, mouros e quaisquer membros de nação infecta" de acessar cargos eclesiásticos, políticos, administrativos e militares. Em meados do século XV, esse trecho foi ampliado e ficou assim: "judeus, mouros, *negros, pardos* ou quaisquer membros de nação infecta", excluindo explicitamente agora os negros e seus descendentes, sem apresentar qualquer justificativa religiosa ou social! De fato, os historiadores não encontraram nenhuma explicação direta para essa determinação. Contudo, verificaram que sua aplicação foi imediata e que seus efeitos terríveis e injustos seriam válidos até o final do processo abolicionista no século XIX (e, infelizmente, ainda hoje está impresso na consciência de brasileiros e portugueses preconceituosos).

A explicação mais aceita para o surgimento dessa discriminação é o florescimento capitalista do tráfico escravo e seu papel no crescimento econômico dos povos envolvidos no comércio de escravos negros e na utilização

42 HISTÓRIA DO BRASIL COLÔNIA

da mão de obra cativa (portugueses, espanhóis, ingleses, norte-americanos e muitos outros). Considerar os "negros" seres inferiores aos "brancos" facilitava a aceitação social de sua escravidão. Além disso, o aumento da população negra no convívio com os "brancos" (nos lugares em que se empregava a mão de obra escrava negra em larga escala, os negros eram a maioria da população) ameaçava a supremacia dos brancos; a discriminação *racial* era uma das formas de mantê-la intacta (o mesmo ocorrendo quando havia negros libertos).

Escravos no Brasil

Na colônia inteira, os africanos foram usados, sobretudo, em trabalhos pesados da lavoura e do transporte de carga. Porém, com conhecimentos que já possuíam ou que adquiriram no Brasil, desenvolveram o artesanato de todos os tipos e também trabalharam em construções. Alguns aprenderam a preparar dez tipos de açúcar: do mais grosseiro ao mais refinado. Muitos escravos de origem africana se destacaram na atividade pecuária, por meio da qual podiam ter uma sensação maior de liberdade (por isso também era a preferida dos indígenas).

Durante o período áureo da mineração na colônia, vários deles chegaram a criar obras magistrais em arquitetura, escultura, pintura e entalhes em madeira. A descoberta do ouro favoreceu a urbanização e, com isso, o artesanato, as artes plásticas e a música, abrindo chances de expressão notáveis para negros e mestiços. Há pouco mais de meio século, o músico alemão Curt Lange, pesquisando arquivos mineiros e outros, descobriu milhares de partituras de música sacras e profanas da mais alta qualidade inspiradas nos contemporâneos europeus Haendel e Haydin. Viu também que a maioria dos autores era composta por negros e mulatos com excelente formação musical. Foi o início de inúmeras descobertas a esse respeito que se estendem até hoje. Os pesquisadores encontraram, por exemplo, dezenas de regimentos de Irmandades de músicos de negros e mulatos, além das dos músicos brancos, que eram contratados pelas igrejas e pelas câmaras municipais para produzir peças musicais para festas religiosas e cívicas. O contato de índios, portugueses e africanos na Colônia também permitiu a criação de dezenas de novos gêneros musicais.

É possível dizer, portanto, que, apesar da violência inerente à instituição escravista, o elemento africano deu grande contribuição cultural,

A OCUPAÇÃO DO TERRITÓRIO **43**

influenciando a língua, as artes, o artesanato, a culinária, a música, a dança e a religião (através do sincretismo das crenças católicas com cultos animistas da natureza, dos antepassados e dos espíritos trazidos da África).

Embora muitos esforços fossem feitos para obrigar os negros escravizados a esquecer de sua cultura original – às vezes eles eram até batizados com nomes cristãos –, parte significativa dela sobreviveu. A umbanda e a crença em feitiços, por exemplo, chegaram a ponto de obter adeptos até entre a população branca. E havia senhores que temiam morrer em razão das feitiçarias praticadas por seus escravos.

No sistema escravocrata brasileiro, havia uma grande desproporção entre mulheres e homens escravizados. Da África, eram importadas poucas mulheres, cerca de 20% a 25% segundo historiadores. No navio negreiro, elas sofriam o mesmo tratamento cruel que os homens, além de estarem sujeitas a estupros. Na colônia, eram compradas para as tarefas domésticas, para parir filhos e para servir como amas de leite. Em caso de necessidade, trabalhavam também na lavoura e outros serviços, exercendo inúmeras funções relevantes.

Na lavoura, as escravas negras faziam trabalhos iguais aos homens no plantio e na colheita. Também preparavam o milho, a mandioca e outros alimentos para uso da fazenda e para venda; participavam da criação e cuidado dos animais domésticos; tiravam leite das vacas, fabricavam queijos e doces; trabalhavam com fiação, tecelagem e costura de roupas; cuidavam da limpeza, dos arranjos domésticos, do bem-estar dos senhores e de seus filhos. Como amas de leite, garantiam a sobrevivência dos bebês e, por fim, podiam servir como objeto sexual dos homens da propriedade. Quando engravidavam de seus senhores, seus filhos, via de regra, não tinham nenhuma vantagem, podendo ser separados das mães e vendidos conforme a vontade do senhor. O mesmo acontecia com os filhos dos casais africanos.

MULHERES, FAMÍLIAS E MISCIGENAÇÃO

Ainda é difícil encontrar informações sólidas e abundantes que permitam aos historiadores traçar um quadro preciso a respeito das questões da família e da mulher nos primeiros tempos da Colônia.

44 HISTÓRIA DO BRASIL COLÔNIA

Já observamos a dificuldade dos colonos pioneiros em constituir família nos moldes europeus, dada a escassez de mulheres brancas por aqui. Era difícil para elas sobreviver à travessia marítima, com seus ventos contrários, seus piratas e corsários, suas condições precárias de alimentação (falta de frutas, água limpa, carnes...), que provocavam intoxicações e carências vitaminais levando ao temido escorbuto, além de outros tantos dissabores e perigos. Aliás, a mortandade era alta entre os viajantes, fossem homens ou mulheres.

Nas expedições de descoberta e exploração, não havia mulheres. O conhecimento adquirido nelas diminuiu ainda mais a intenção de trazê-las. O medo dos indígenas agressivos foi um obstáculo importante para a vinda de europeias para o Brasil durante os séculos XVI e XVII pelo menos. (O grande problema da falta de mulheres brancas na colônia só seria amenizado no fim do século XVIII, quando as condições de vida já eram bem melhores para os colonos.) Os obstáculos que desencorajavam a presença de mulheres portuguesas somaram-se à preferência dos homens por chegar sozinhos ao Brasil com o objetivo de amealhar fortuna e voltar logo a Portugal ou, pelo menos, criar condições que lhes permitissem casar ou mandar vir sua família mais tarde. Na prática, a riqueza lhes escapava, demorava a vir e, quando era conquistada, geralmente assumia a forma de um cabedal em terras e escravos que nem sempre era fácil de ser transformado em moeda, frustrando os planos de partir.

Diante dessa situação (e por que não da beleza das índias?), as necessidades sexuais dos portugueses foram resolvidas nos relacionamentos íntimos com as nativas, permitidos pelos costumes indígenas se elas não fossem casadas. Entre alguns portugueses (náufragos ou abandonados em terra) e mulheres indígenas estabeleceram-se laços conjugais aceitos pelos índios, dentro de seus valores, mas desprezados pelos demais portugueses. Eles se mostraram, entretanto, extremamente úteis para o estabelecimento dos conquistadores e colonos que resolveram imitar seus conterrâneos, passando a se relacionar com as índias na nova terra.

O casamento de portugueses com uma ou mais índias, de preferência filhas de chefe, proporcionou a homens como João Ramalho, Diogo Álvares Correa e Jeronimo de Albuquerque poder e influência sobre as tribos em que se integraram e suas aliadas.

A OCUPAÇÃO DO TERRITÓRIO **45**

A prole mestiça, que se originou das uniões de portugueses e índias, legitimadas ou não, também foi de importância fundamental para a obra do povoamento. O *mameluco* ou *caboclo*, como foi chamado o resultado do cruzamento de branco com índia, revelou-se elemento plástico e adaptado às condições locais, pois reunia em si as duas heranças culturais.

Os jesuítas, que chegaram na mesma época, empenharam-se na regularização dessas uniões, começando pelo legendário João Ramalho, cuja influência nos meios indígenas muito lhes interessava. Mas a despeito dos esforços dos religiosos da Companhia de Jesus, a grande maioria das uniões com as índias ficou no plano da exploração sexual imposta ou consentida, de duração variável, mas que raramente resultaram em casamento oficial ou no reconhecimento legal da prole.

Entre os colonos que se uniram a índias valendo-se dos costumes tribais, alguns se excederam formando verdadeiros haréns. Muitos, especialmente num segundo momento, não deram às uniões o mesmo valor que lhes davam os indígenas, levando a conflitos com os nativos. De fato, enquanto as primeiras uniões foram celebradas pelos valores indígenas, houve uma paz relativa entre ambas as partes, mas quando o número de brancos cresceu e seus abusos começaram, as disputas foram inevitáveis. Por conta delas, muitos núcleos coloniais acabaram destruídos, levando a Coroa a reconhecer o fracasso do primeiro sistema de capitanias hereditárias e sesmarias e a mudar a forma de organizar a empresa colonial. Não por acaso, as duas capitanias em que as alianças indígenas foram respeitadas pelas lideranças coloniais, Pernambuco e São Vicente, foram as únicas bem-sucedidas nessa época.

O objetivo da defesa da posse portuguesa na América, contra competidores e invasores, e a necessidade de desenvolver a produção açucareira para exportação obrigaram a metrópole a estimular a criação de povoados e vilas que agissem como força centrípeta, atraindo gente, em oposição à centrífuga, que levava muitos colonos a escolher integrar-se totalmente à cultura indígena. De fato, o número crescente de portugueses que se integravam na vida selvagem, não mais se interessando pelas metas da colonização, assustou as autoridades que vieram com o primeiro governador-geral, conforme vemos na carta enviada, em 1550, pelo ouvidor-mor Pero Borges a D. João III:

> Há nesta terra muitos homens casados lá no Reino, os quais há muitos dias que andam cá e não granjeiam muitos deles ou os mais as fazendas, se não, estão amancebados com um par ao menos de gentias. Fazem pior vida que os mesmos gentios.

A preocupação manifestada pelo ouvidor voltava-se mais para o problema econômico-político que para questões morais. Para combater a tendência dos portugueses a imitar o que haviam feito homens como Diogo Álvares Correa, na Bahia, ou João Ramalho, Antônio Rodrigues e o "Bacharel de Cananeia", em São Vicente – que passaram a viver no meio dos indígenas, adotando seus hábitos tribais –, os governadores-gerais, por exemplo, alocavam os colonos mais ricos e influentes em cargos nos municípios como chefes militares, lembrando-os de seus deveres para com Portugal. A institucionalização das câmaras municipais trouxe consigo a exigência de que seus vereadores fossem *homens bons* e um dos critérios que definia essa condição era o de que não fossem casados com mulheres "de cor", "indignas de viverem a lei da nobreza". Com isso, os colonos que se preocupavam com suas possibilidades de ascensão social não aceitaram legitimar perante a lei portuguesa e o catolicismo seus laços conjugais com índias.

Para fazer dos colonos bons súditos de Portugal, as autoridades portuguesas tiveram o auxílio valoroso da força-tarefa da Igreja no século XVI: a Companhia de Jesus. Essa ordem religiosa, disciplinada e racionalmente organizada, logo percebeu a importância de estabelecer para os colonos uma vida familiar nos moldes europeus como forma de torná-los mais obedientes ou pelo menos "frear seus desatinos". Logo que viram que um dos obstáculos a esse plano era a falta de mulheres europeias, sugeriram que Portugal enviasse órfãs portuguesas à colônia; mas vieram apenas quatro para o Nordeste! Sugeriram então a vinda de qualquer tipo de mulher, até as *erradas* (prostitutas), que, segundo eles, poderiam se recuperar e se tornar "boas mães de família" no Novo Mundo. Isso também não deu muito certo, porque, como vimos, a metrópole estava preocupada com o risco de despovoamento de Portugal e não se empenhou para colocar a ideia em prática. Finalmente, os padres procuraram convencer colonos "amancebados" com várias índias a escolher apenas uma para o casamento cristão. Porém, além de encontrarem resistência por parte dos homens que gostavam de ter diversas "esposas", enfrenta-

A OCUPAÇÃO DO TERRITÓRIO **47**

ram também oposição dos indígenas que acreditavam que, quando uma moça se casava, suas irmãs estavam incluídas no casamento; para eles, o abandono das demais mulheres e seus filhos seria "uma crueldade".

Colonos que tinham filhos com índias e precisavam obter algum favor ou concessão das autoridades alegavam, então, nos documentos oficiais que eram casados com filhas dos "principais da terra", chamando-os por vezes de "reis", na intenção de conferir alguma nobreza a seus atos e valor à sua prole. Durante todo o século XVII e até o começo do XVIII, essa alegação foi aceita para garantir o prestígio e o poder de alguns paulistas (chegando a ser usada, bem mais tarde, como artimanha para abrilhantar árvores genealógicas de certas famílias paulistanas que queriam parecer importantes).

À medida que os indígenas foram pacificados ou morreram em grandes quantidades de norte a sul do Brasil (devido a disputas e epidemias), a vida dos colonos se tornou mais tranquila. Com isso, aumentou o número de mulheres portuguesas que chegavam para viver no Brasil. Embora enfrentassem mil e uma dificuldades para sua adaptação, pouco a pouco a constituição de famílias legítimas se tornou a regra entre as elites locais. Nesse grupo, a obediência aos valores religiosos e aos costumes machistas aprisionou e afastou as mulheres (esposas e filhas) da sociedade, pois tais valores e costumes exigiam que as mulheres consideradas *de bem* vivessem segregadas em casa, só saindo acompanhadas de pais e maridos ou para ir à igreja. Não era bem-visto nem que atendessem a porta ou abrissem janelas. O isolamento doméstico a que as senhoras eram submetidas era o mesmo em toda a colônia. Contudo, nas áreas mais pobres do Sul, como São Paulo, as mulheres brancas com poucas servas indígenas (lá havia poucas escravas negras, porque eram caras) eram obrigadas a trabalhar bastante para dar conta dos serviços domésticos e, devido às longas ausências dos maridos bandeirantes, ganhavam certa liberdade e acabavam tendo que administrar (algumas com bastante capacidade e sucesso) as propriedades da família.

Nas áreas açucareiras do Nordeste, a substituição da mão de obra indígena por escravos africanos foi rápida e a riqueza do açúcar permitiu a senhoras e senhorinhas uma vida mais luxuosa e indolente. O trabalho doméstico era feito por outras mulheres, índias ou negras. As babás negras aliviavam suas senhoras de qualquer tarefa que não fosse a supervisão das escravas, incluindo a criação dos filhos. A reclusão a que as mulheres de elite estavam submetidas criou um

48   HISTÓRIA DO BRASIL COLÔNIA

estilo de vida doméstico e pessoal de extremo desleixo que chocava os poucos visitantes que conseguiam entrar nas casas. Em compensação, essas mulheres, nas suas idas à igreja ou a outros raros eventos laicos, ostentavam um luxo extremo com suas sedas, cetins e joias. Porém, era imprescindível que obtivessem a autorização do pai ou marido para sair de casa e fossem acompanhadas por parentes mais velhos, outros homens da família ou escravos de confiança.

Mesmo com variações locais, de condição social ou "cor", podemos dizer que todas as mulheres no Brasil Colônia tinham seus destinos decididos pelo mundo masculino e brutal em que viviam. Nessa época, até a Justiça e a Igreja atuavam como forças repressoras que chegavam a privá-las de direitos com expressões que já envolviam um pré-julgamento das suas ações. Vejamos, por exemplo, como as Ordenações podiam privar as viúvas da liberdade de usufruir de seus bens ou de seus filhos:

> Desejamos compensar a *imbecilidade das viúvas*, que após o falecimento de seus maridos malbaratam o que possuem, e como resultado tornam-se pobres e necessitadas, e desejando, além disso, assegurar que seus sucessores não venham sofrer, ordenamos que, se puder ser provado que uma viúva, maliciosa ou irracionalmente, esbanja ou aliena sua propriedade, a Justiça da área onde se localiza a propriedade dela tome conta (e) disso nos fará conhecimento, a fim de que possamos ordenar que a propriedade seja avaliada para que aqueles que devem herdá-la não sofram danos. (*Ordenações*, 3/201-202.)

O QUE ERAM AS ORDENAÇÕES?

As Ordenações eram as leis que regiam quase todos os aspectos da vida dos portugueses e colonos do Império português. Elas surgiram após um processo de codificação de leis gerais e locais de Portugal iniciado na Idade Média (ou na Antiguidade, se levarmos em conta que sua base era o Direito Romano e o Canônico com umas tinturas do Visigótico e do Árabe). No fim do século XIV e por todo o XV, desenvolveram-se os trabalhos de codificação do chamado Código Afonsino, aprovado pelo rei D. João I em 1446. Esse código foi usado até a reforma de D. Manuel feita entre 1505 e 1520, dando origem às Ordenações Manuelinas, em vigor até a reforma de Felipe II em 1595. As Ordenações Filipinas, publicadas em 1603, foram aplicadas no Brasil até a Independência.

> Determinações que surgiram ao longo do tempo fora das Ordenações originais foram compiladas periodicamente com o nome de Leis Extravagantes.
>
> Essa legislação obrigatória para todo Império português foi com certeza um dos fatores responsáveis pela unidade da cultura lusitana e pela permanência na Colônia de velhos valores que procuravam determinar a condição e os direitos de todos os membros da sociedade.

Em verdade, a aceitação da independência relativa das mulheres livres só ocorreria após a mudança dos costumes propiciada pela chegada da Corte ao Brasil no século XIX. Mesmo assim, nem todos pensavam como o cronista baiano João Rodrigues de Brito, uma das mentes mais lúcidas da nossa história, que alertou para os males da reclusão feminina e chamou a atenção para o importante papel que as mulheres poderiam exercer na vida social e econômica do país em um texto escrito em 1807 e publicado em Portugal em 1821:

> A reclusão do sexo feminino, a quem os costumes deste país têm reduzido aos exercícios domésticos do interior da casa, os quais não bastando para ocupar um tão grande número de braços, fica por conseguinte aquela bela metade da nossa povoação destituída de meios de subsistência e a cargo dos varões, que por isso evitam os matrimônios. Neste particular, a introdução dos costumes das Nações mais civilizadas da Europa, onde o belo sexo se ocupa em vender nas lojas e no exercício de todas as artes, que não exigem grandes forças, não só duplicaria a soma de riquezas anualmente produzidas pelo trabalho humano, mas também a povoação; e eu ouso crer que as suas virtudes não perderiam nada na livre comunicação e trato civil dos homens; antes a maior independência, em que ficariam a respeito deles, as preservaria dos perigos, a que expõe a necessidade. Além disto, o hábito do trabalho ativo lhes daria uma constituição mais vigorosa, e animada; pois vejo a maior parte das senhoras definhar em moléstias nervosas, procedidas na inação, e enjoo, em que vivem. Seria conveniente auxiliar a comunicação das famílias, estabelecendo um passeio público com as comodidades competentes para atrair o concurso dos moradores a verem-se, e falarem-se. As gelosias também obstam à civilização, escondendo o belo sexo ao masculino, para aparecer a furto sempre envergonhado. A destruição deste esconderijo mourisco poria as senhoras na precisão de

50 HISTÓRIA DO BRASIL COLÔNIA

vestir-se melhor para chegarem às janelas, a satisfazer a natural curiosidade de verem, e serem vistas, e assim familiarizando-se com o sexo masculino, não olhariam como virtude o insocial recolhimento, que as faz evitar os homens, como a excomungados.

Teriam ocasião de conhecerem os caracteres dos que visitam seus pais, e parentes, e dariam mutuamente a conhecer os seus. Então os casamentos, tanto mais felizes, quanto menos sujeitos a enganos ocasionados por falsas informações, seriam acompanhados de natural afeição ganhada no trato civil dos dois sexos que é a melhor escola da civilidade.

Ela o é também do amor puro, e delicado, que realça o espírito, e cria sentimentos nobres, e generosos. Com os atuais costumes são as escravas quem logra as primícias do amor dos nossos mancebos, que esgotando com elas, e com as meretrizes sua débil saúde de tornam incapazes de gostar as doçuras do amor conjugal.

(Um inquérito econômico dos tempos da colônia. "Resposta de João Rodrigues de Brito", em Rodrigues de Brito, *A economia brasileira no alvorecer do século XIX*. Salvador: Livraria Progresso, s. d., pp. 99-100.)

Na intimidade, as senhoras brancas conviviam com a existência, portas adentro ou em habitações externas, das famílias paralelas que seus maridos estabeleciam com índias e negras, que não podiam evitar devido ao patriarcalismo machista da sociedade apoiado pela religião e pela legislação. Nem mesmo as queixas para os pais controlavam o comportamento libertino dos maridos que nunca atendiam aos apelos para que abandonassem suas amantes. Certas esposas fingiam ignorar esse aspecto da vida sexual de seus maridos ou acabavam aceitando o convívio com seus filhos bastardos. Algumas poucas chegavam a oferecer alguma proteção a essas crianças e se preocupavam com seu destino. Outras se vingavam das traições e humilhações que sofriam maltratando cruelmente as índias ou negras com as quais seu esposo mantinha relações. Relatos dessas maldades (torturas, espancamentos, mutilação e queimaduras) iam para o folclore local e ainda podem ser encontrados em memórias e obras literárias.

As formas de convivência entre escravas e senhoras variavam também de acordo com as personalidades envolvidas. Pesquisas históricas recentes – em fontes documentais como processos de divórcio, testamentos, processos-crime, entre outras – revelam a extraordinária complexidade das relações humanas envolvendo mulheres brancas e negras no inferno secreto dos lares, onde todas sofriam o jugo dos homens em uma sociedade machista implacável. Algumas vezes, as escravas que serviam como amas de leite, babás e criadas conseguiam estabelecer laços de amizade ou cumplicidade com suas senhoras em relacionamentos marcados por bondade, ingratidão, traição, intriga ou, mais raramente, reconhecimento por parte da senhora expresso com a concessão espontânea de alforria à escrava. Não podemos esquecer, contudo, que a vida e as atividades dos escravos africanos e seus filhos decorriam em um contexto de hegemonia da "sociedade branca" com suas leis, costumes e religião.

A MISCIGENAÇÃO NO BRASIL

A miscigenação e a assimilação cultural caracterizaram toda a América colonizada, mas é no Brasil que esses processos parecem ter sido mais aprofundados. Estudos científicos possibilitados pelos avanços da genética revelaram que a miscigenação iniciada nos tempos coloniais foi gigantesca e teve papel fundamental na formação do caleidoscópio de cores e etnias que é o nosso país.

A miscigenação é um fenômeno difícil de explicar em profundidade, porque ela contraria uma característica básica da maioria das sociedades: estranheza para com os diferentes, que, em geral, são desprezados e hostilizados. No caso do Brasil, por conta da falta de mulheres e famílias constituídas no processo de colonização e do interesse de Portugal em manter, com o povoamento, a posse das terras descobertas no Novo Mundo, houve um incentivo para as uniões entre etnias diferentes. Assim, a miscigenação foi fruto das necessidades e decisões dessa época. Ela acabou se dando também em termos culturais. E se desenvolvendo em ambiente propício mais tarde no país com a chegada dos africanos e, depois, por outras razões históricas, com imigrantes vindos de muitas partes do mundo.

Esse traço brasileiro passou a ser valorizado pelos estudiosos das ciências humanas no século XX e também por boa parte da população do país no século XXI que o reconhece como motivo de orgulho e aspecto significativo de nossa identidade nacional. Contudo, no passado, desde a época da Independência e durante todo o século XIX, a grande miscigenação da população foi considerada algo vergonhoso e prejudicial, que condenava o país à inferioridade e ao atraso perpétuos. Hoje, as vantagens da miscigenação são ressaltadas por estudiosos e observadores, que admiram e elogiam essa característica presente entre os brasileiros a ponto de alguns mais entusiasmados sugerirem que aqui está se formando "a humanidade do futuro".

52 HISTÓRIA DO BRASIL COLÔNIA

As relações entre brancos e negras provocaram o surgimento de um número grande de descendentes *mulatos*. Alguns senhores, sem assumir a paternidade, os chamavam de *afilhados*, lhes davam alguma educação e os libertavam. Mas, como vimos, isso era raro. Parece que certos padres pais de crianças feitas com suas escravas tiveram uma consciência maior, pois alguns chegaram a encaminhar esses filhos para a vida religiosa ou até os estudos universitários em Portugal.

*

Na sociedade de *ordens*, os indivíduos são divididos pelo nascimento (origem social, sangue), posse de bens, exercício de profissões dignificantes (sem uso das mãos, nem sobrevivência com comércio). O não cumprimento de determinadas condições exclui as pessoas das posições de mando e dignidade e também limita o acesso à educação universitária e aos casamentos com mulheres de categoria superior. Porém, na colônia, a sociedade de ordens ibérica, com suas barreiras jurídicas e econômicas (que separavam as "raças", os *estamentos* – ou *ordens* – privilegiados e as diferentes condições de fortunas), revelou alguma flexibilidade em comparação com Portugal. Por exemplo, em casos em que não havia herdeiros legítimos, os ilegítimos puderam ser beneficiados, já que no Brasil havia um número muito grande de ilegítimos, bem maior que em Portugal. Aqui também havia mais tolerância para com certas pessoas com fama de ter sangue impuro (ser descendente de judeus convertidos); quando havia interesse econômico de membros da elite açucareira, as objeções quanto à pureza de sangue eram ignoradas e o candidato à ascensão social obtinha a aceitação. No que se refere aos ilegítimos ou *bastardos*, a mesma prática de "fechar os olhos" era adotada. Assim, por exemplo, quando um membro da elite queria favorecer um filho ou genro que não se enquadravam nas exigências legais, eram usados argumentos falsos ou fantasiosos para justificar seus direitos. Isso criou no Brasil uma mobilidade social maior que em Portugal, que atendia às necessidades do meio colonial e se beneficiava de uma cumplicidade geral. A propósito, o sociólogo pernambucano Gilberto Freyre trouxe luz ao caso do século XVIII do provedor da Fazenda em Recife cuja nomeação pelo rei não foi aceita pelos senhores de engenho locais, que alegaram que um funcionário desse nível não poderia ser negro! O governador português escreveu então para a Coroa expondo o caso e pedindo orientação. A resposta rápida da Coroa foi que o referido personagem era doutor em Lei pela Universidade de Coimbra (portanto, com amparo legal) e que sua

A OCUPAÇÃO DO TERRITÓRIO **53**

nomeação era régia e, dessa forma, não podia ser contestada por ninguém; a seguir, ordenou a que fosse dada ao doutor posse imediata. Por esse episódio e outros semelhantes, vê-se que, no Brasil, quando interessava aos detentores do poder, as leis que excluíam os de *sangue negro* ou *judeu* ou os *bastardos* podiam ser ignoradas e quebradas. Essa flexibilidade, de certo modo, contribuiu para reduzir conflitos em uma sociedade tão diversificada.

Também, apesar da terrível brutalidade do sistema escravista, algumas mulheres negras conseguiram algum espaço de manobra e certo alívio em suas vidas após conquistar respeito e afeição em famílias brancas. Mas isso era raro e se aplicou, sobretudo, às escravas que trabalhavam nas *casas-grandes* (as moradias senhoriais), atuando no seio das famílias como criadas, cozinheiras ou babás, e às que davam à luz filhos de seus senhores. O nascimento de um filho mestiço alimentava esperanças de que a criança fosse libertada ou mesmo de que a mãe obtivesse alguma ascensão social em virtude de alforria (doada ou comprada com recursos amealhados à custa de uma vida de sacrifícios e privações).

No Brasil Colônia, os filhos não reconhecidos pelo casamento entraram para a História sob a denominação pejorativa de *bastardos*. A designação *bastardo* aparecia com frequência nos documentos da época quando se tratava de elementos perigosos e indesejáveis da sociedade. Os bastardos, sempre associados aos *carijós* (sinônimo de indígenas destribalizados), e *mulatos* formaram a massa dos marginalizados, cujo número crescente superava em muitas regiões da colônia o dos escravos africanos. Eles aparecem como uma categoria obscura na documentação colonial, apenas mencionada como responsável por desordens e crimes de toda sorte, alvo de constante repressão por parte das câmaras municipais, dos capitães e coronéis de Ordenanças e Auxiliares e dos governadores.

A sociedade latifundiária e escravocrata, em que uma minoria gozava de todos os privilégios jurídicos e políticos, assumindo, por isso mesmo, um caráter de camada estamental dominante, não absorveu esses elementos (a não ser quando, como vimos, houve interesse e cumplicidade de membros poderosos do estamento). O bastardo, o mulato (que também podia ser bastardo) e o carijó foram amalgamados sob a designação de *vagabundos* ou *vadios*, que somente eram lembrados como força de reserva para empresas perigosas como as bandeiras, as monções cuiabanas, as lutas contra tribos indígenas rebeldes ou para a instalação de novos povoados.

Prole ilegítima era algo bastante comum (existia em todas as etnias, inclusive entre os brancos, independentemente de miscigenação) na colônia. Por vezes, os bastardos acabavam sendo reconhecidos pelos pais no leito de morte como um ato piedoso. A relutância em fazê-lo antes pode ser atribuída à pressão dos valores estamentais, que consideravam o fato de assumir um filho ilegítimo algo potencialmente prejudicial à ascensão social e política dos pais.

O PATRIARCALISMO

A sociedade brasileira colonial baseava-se em valores patriarcais que davam ao homem (fosse ele rico ou pobre) o poder total na família e em sua propriedade e propagavam como verdades incontestáveis a superioridade masculina e a inferioridade feminina.

A predominância desses valores era geral em toda a Europa desde a Antiguidade e foi sacramentada pelo cristianismo. Em Portugal, além das normas da Igreja Católica, ainda contribuíram para influenciar os costumes os hábitos mouros e árabes de encerrar e cobrir totalmente as mulheres com roupas e véus sob a alegação de que as protegiam de estranhos. Esse pensamento se transferiu para o Brasil, onde o *pater familias* era definido como proprietário não só de bens materiais, como também de seus escravos, dos trabalhadores livres e agregados que viviam sob sua autoridade, e também de sua mulher e filhos. Era ele quem determinava, por exemplo, como seus filhos fariam o uso dos bens, que atividade exerceriam, com quem se casariam e se e quando poderiam viajar. De fato, o patriarca tinha direito de vida e morte sobre os que estavam sob seu domínio. Caso praticasse um crime contra alguma das pessoas que lhe deviam obediência, era tratado com condescendência pela justiça. A severidade ou mesmo a crueldade no exercício de seu poder eram vistos com indulgência até pela Igreja, que só atuava no sentido de minorar os excessos.

A família era a unidade fundamental da sociedade, mas no caso dos escravos a situação era diferente. Na época colonial, os senhores preferiam não encorajar casamentos de escravos para evitar problemas em caso de venda de um dos membros do casal. Os casos de casamentos de escravos na época colonial eram raros e, geralmente, aconteciam como uma concessão especial para alguns elementos mais apreciados e cujos serviços eram tão

A OCUPAÇÃO DO TERRITÓRIO **55**

valiosos que mereciam uma espécie de prêmio. A Igreja, em certos casos, procurava encorajar os casamentos entre cativos, mas seus conselhos nesse sentido eram mal recebidos pelos senhores. Os jesuítas, assim como outras ordens religiosas, favoreciam o casamento e a formação de famílias entre os seus escravos por considerar imoral a vida em *senzalas* coletivas e mistas.

O machismo que marcava toda sociedade brasileira também existia entre os escravos, apenas atenuado pelas dificuldades ocasionadas pela sua situação. Assim, as mulheres escravas, além de sofrerem a violência perpetrada por seus senhores, também podiam ser maltratadas pelos companheiros homens.

Entre os escravos também existiam desigualdades estabelecidas conforme a vontade dos senhores que, por exemplo, davam certa autonomia ou autoridade aos escravos-feitores, aos escravos-jagunços ou aos escravos encarregados de vender o gado ou outros produtos. As escravas domésticas, por sua vez, viviam em melhores condições que as que trabalhavam na roça.

Mesmo nas difíceis condições de vida dos escravos no Brasil Colônia, por vezes surgiu entre eles uma espécie de autoridade paralela, não reconhecida abertamente, que era exercida por negros, homens ou mulheres, que alegavam ter poderes mágicos e eram respeitados por isso. Esses feiticeiros eram consultados pelos demais escravos e até por alguns senhores, e chegavam a ser temidos pelos seus conhecimentos a respeito de venenos (que poderiam ser, e algumas vezes foram, utilizados contra capatazes e senhores).

A possibilidade de revoltas de escravos, contudo, era o maior temor dos senhores (como em toda a sociedade escravista). Os movimentos coletivos eram muito difíceis de ocorrer na época, mas as fugas individuais e os assassinatos de senhores, seus subordinados ou familiares eram mais comuns. Para caçar os fugitivos, foi criada pelas câmaras municipais a função de *capitão do mato*, exercida por indivíduos duros e habituados a seguir rastros e encontrar pessoas. Eles atuavam sozinhos ou comandando um grupo de busca, e eram recompensados quando devolviam o escravo a seus senhores.

A vida fora da casa-grande e da senzala não mereceu descrições significativas na época colonial. Viajantes e algumas autoridades mencionaram que os pobres livres viviam em cabanas precárias de pau a pique com acabamento de barro e cobertas de sapê (um tipo de capim) ou outros materiais igualmente suscetíveis às intempéries.

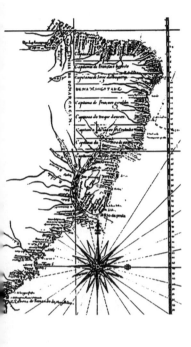

A economia colonial

Para conhecer as características da sociedade brasileira da Colônia, é preciso levar em consideração o contexto da época e do lugar em que se desenvolveu e perceber que as determinações políticas e religiosas foram menos definidoras do que os objetivos econômicos da colonização. De fato, a sociedade colonial brasileira organizou-se, desde o início, segundo as bases econômicas ditadas pelos interesses metropolitanos e os dos colonos em contato com as realidades de um povoamento que relacionava culturas tão díspares como a europeia, a indígena e a africana.

*

A colonização do Brasil foi desde o início um empreendimento comercial que visava ao lucro para a metrópole em benefício da Coroa e dos comerciantes nacionais e estrangeiros (holandeses, italianos, alemães, ingleses – denominações atuais que representam habitantes de reinos, ducados ou cidades com outros nomes na época) com os quais ela se relacionava. A maioria desses comerciantes eram empreendedores individuais que eventualmente se uniam para uma aventura comercial.

As companhias de comércio permanentes se formaram apenas no século XVII, como a Companhia das Índias Orientais e, anos depois, a Companhia das Índias Ocidentais, que incluía o Brasil em sua área de atuação. O sucesso holandês, que resultou na formação do seu império na Ásia e portos pontuais na África, América do Sul e Central, inspirou experiências semelhantes de ingleses e franceses. Portugal, sob domínio espanhol de 1580 a 1640, demorou a cogitar em seguir esses lucrativos exemplos de organização comercial. O principal promotor da ideia de formar uma companhia portuguesa foi o padre Antônio Vieira, que se distinguira na colônia brasileira por ter dado proteção aos índios e, na Europa, desempenhara funções diplomáticas em diversos países.

Até então, com relação ao seu império, Portugal tinha uma forma peculiar de exploração comercial (conforme revelam as pesquisas do historiador Manuel Nunes Dias), na qual o rei, participando diretamente no comércio, ficava com a maior parte dos lucros que acabava repartindo com comerciantes italianos e holandeses, que eram os financiadores e fornecedores de mercadorias para cada empreendimento. A fatia do bolo reservada aos comerciantes portugueses era muito restrita, o que impedia sua capitalização; com isso, Portugal não contava na época com uma burguesia sólida.

A sociedade portuguesa na metrópole permanecia, portanto, sendo basicamente de tipo estamental: o poder se concentrava nas mãos de uma aristocracia ociosa social e politicamente privilegiada que sobrevivia por meio de pensões vindas da Coroa e de atividades comerciais interpostas e ocasionais.

Devido ao preconceito contra os *cristãos-novos* (aqueles que haviam aceitado o batismo e se convertido ao catolicismo) e à influência da Inquisição, havia uma grande preocupação em evitar o aparecimento e a solidificação de uma classe rica de origem judaica. Isso excluiu uma camada importante de pessoas, cristãos-novos ou supostos judaizantes, com capacidade comercial e ligações externas muito necessárias para aumentar o capital do país e forjar uma burguesia forte e modernizante.

Para compensar o atraso português, o padre Antônio Vieira propôs, em 1641, um plano audacioso e pessoalmente perigoso: reunir um grupo de cristãos-novos ricos com garantias de vida e respeito às suas propriedades para a criação da Companhia das Índias. Vencendo temores e escrúpulos religiosos (foi acusado por alguns de "vender Jesus Cristo pela segunda vez!"), formou essa companhia comercial que logo demonstrou sua utilidade enviando ao Brasil uma frota para ajudar a recuperar Pernambuco para Portugal na luta contra os holandeses. Mas a duração do empreendimento foi curta, pois os tradicionalistas assumiram o poder, prenderam os membros dessa companhia e, mais tarde, o próprio Antônio Vieira.

A perda do apoio dos judeus holandeses (decorrente da expulsão deles do território brasileiro) resultou no sucesso da empresa caribenha bancada por eles nas ilhas holandesas, francesas e inglesas. Com isso, Portugal perdeu a grande oportunidade, bem aproveitada pelos concorrentes, para dar um passo importante em direção ao desenvolvimento pré-capitalista (acumulação de capitais). Portugal ficou para trás; os temores da aristocracia avessa a mudanças e os preconceitos religiosos impediram em última instância o florescimento do espírito empresarial e a formação de uma classe capitalista igual a que surgiria em outros países europeus e nos Estados Unidos.

O AÇÚCAR E A SOCIEDADE HIERARQUIZADA

Nos primeiros estágios do povoamento, as *feitorias* (pontos de armazenamento de produtos locais e europeus para venda) instaladas nos domínios portugueses da América, além de estimularem a plantação de alimentos para a subsistência dos portugueses no Brasil, experimentaram introduzir nas terras ao redor a cultura do açúcar trazida da Madeira, dos Açores e de Cabo Verde. Os resultados foram animadores, incentivando Portugal a procurar mão de obra em quantidade suficiente para o trabalho agrícola lucrativo.

Porém, como vimos, trabalhar duro na lavoura em terras distantes não atraia a população portuguesa. Nem a Coroa estava disposta a promover a produção de açúcar, abrindo mão de tantos habitantes sob o risco de despovoar Portugal. Com isso, a metrópole viu-se diante de um problema sério, até que, por volta de 1530, acreditou ter encontrado a solução: transferir para a iniciativa privada o ônus da colonização. Segundo um modelo

60 HISTÓRIA DO BRASIL COLÔNIA

já adotado na ilha da Madeira, dividiu a faixa portuguesa do território americano demarcado pelo Tratado de Tordesilhas em *capitanias hereditárias* entregues a donatários escolhidos entre altos funcionários e membros da pequena nobreza, com a condição de eles arcarem com os custos do transporte de colonos para a ocupação da terra. A esses colonos seriam concedidas *sesmarias*, terras para que plantassem cana. Os donatários teriam por obrigação defender e manter a ordem na sua capitania hereditária (assim chamada porque poderia ser transmitida a herdeiros), dividir entre colonos as terras recebidas (guardando para si uma área demarcada, onde bancariam sua própria plantação), garantir o povoamento e promover a produção lucrativa de açúcar.

As obrigações e direitos dos donatários para com a Coroa e o desenvolvimento da colônia estavam definidos em um documento chamado Regimento, que acompanhava a Carta de Doação assinada pelo rei. O Regimento procurava preservar os privilégios do rei: a Coroa mantinha a autoridade final sobre todos os assuntos coloniais e o donatário tinha obrigações militares e econômicas. Ele só tinha posse plena de uma parte do terreno, mas tinha obrigações de desenvolver o todo.

MEDIEVAL OU CAPITALISTA?

O estudo histórico desses documentos, os Regimentos, revela um momento de transição de tradições medievais para o estabelecimento de condições que permitiram a instalação de um empreendimento de caráter capitalista e modernizante. As tradições medievais eram as que obrigavam, por exemplo, o donatário a governar e defender a capitania segundo as diretrizes reais das Ordenações. Já outra obrigação fundamental da posse da capitania – a de produzir açúcar para exportação com fins lucrativos – tinha um nítido caráter capitalista.

O plano de aparência muito lógica e racional fracassou na prática, com exceção dos casos das capitanias de São Vicente (depois chamada de São Paulo) e de Pernambuco, que se beneficiaram de condições específicas. O da capitania de São Vicente já foi examinado aqui; conseguiu viabilizar-se por meio de uma atividade econômica, mas não a açucareira. Em Pernambuco,

A ECONOMIA COLONIAL **61**

o donatário Duarte Coelho era bastante rico e pôde trazer da região de Viamão, sua terra de origem, povoadores capazes de cumprir as expectativas; em pouco tempo, Pernambuco já estava produzindo açúcar. A energia desses colonos e a capacidade administrativa desse donatário conseguiram contornar um problema comum a toda colônia: a resistência indígena. Além disso, no médio prazo, passaram a utilizar escravos trazidos da África para substituir a mão de obra indígena, que ficava cada vez mais escassa na região.

Quanto às outras capitanias, elas fracassaram por motivos semelhantes e incontornáveis, como a recusa dos índios em aceitar o estabelecimento de portugueses em territórios que sabiam ser seus. Os abusos e as violências por parte dos portugueses agravaram a resistência indígena. Outro fator pouco lembrado, mas relevante, é a presença e a ação de aventureiros (ou criminosos, dependendo do ponto de vista) espanhóis, franceses, ingleses, escoceses e alemães, que iam de capitania em capitania provocando os índios e saqueando os colonos portugueses já instalados. Entre eles havia até padres que acirravam os conflitos entre portugueses e invasores e índios.

Os donatários Francisco Pereira Coutinho (capitania da Bahia) e Pero de Campo Tourinho (capitania de Porto Seguro), após um sucesso inicial, foram atacados por índios e aventureiros que se insinuaram entre os colonos. Jorge de Figueiredo Correa (de Ilhéus) e Vasco Fernandes Coutinho (do Espírito Santo) fracassaram rapidamente; o primeiro voltou para a metrópole e o segundo morreu na miséria. Pero Lopes de Sousa (de Itamaracá e Santo Amaro, dois lotes), depois de algum tempo, voltou com seu irmão Martim Afonso para a Europa e nunca mais retornou ao Brasil. João de Barros e seu sócio Aires da Cunha (do Ceará) sequer conseguiram se instalar, pois naufragaram. Fernando Álvares de Andrade e Antônio Cardoso de Barros, por falta de recursos suficientes, não chegaram a ocupar seus lotes na região do Maranhão.

Todos esses fracassos ameaçaram seriamente a posse do Brasil e convenceram a Coroa da necessidade de criar na colônia um governo forte e capaz de garantir auxílio e apoio aos colonos atacados. Diante do insucesso da grande maioria das capitanias, a Coroa optaria pela introdução do sistema de *governo-geral*, como vimos.

*

Para beneficiar a cana e produzir o açúcar, era necessário construir um *engenho*, um pequeno edifício com moendas movidas à força braçal ou animal. O líquido obtido com o esmagamento da cana era levado ao fogo em grandes caldeirões de ferro, onde era fervido até secar e permitir a produção de diversos tipos de açúcar.

O cultivo, a colheita e o beneficiamento exigiam muitos braços e equipamento caro, tornando a produção do açúcar lucrativa apenas quando feita em grande escala. Daí o predomínio da grande propriedade, pois os pequenos produtores só conseguiam sobreviver transferindo a etapa da transformação da cana em açúcar a um grande *senhor de engenho*, ao qual pagavam uma porcentagem variável da produção. Esse sistema de acordos licenciados (chamado de *cana obrigada*) acabou criando relações de dependência dos pequenos lavradores para com os grandes, que terminavam impondo suas condições. Por exemplo, os lavradores médios ou pequenos deveriam acudir às convocações do *sesmeiro* dono de engenho nas suas lutas contra índios rebelados, além de se submeter às suas necessidades de produção.

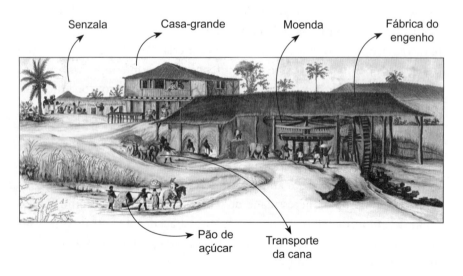

Engenho de açúcar no detalhe de ilustração de Willem Piso (1648).

A ECONOMIA COLONIAL **63**

No fim do século XVI, foram criadas as *companhias de ordenanças:* milícias formadas por todos os colonos livres comandadas por oficiais originários da camada dominante (ou seja, senhores de engenho ou pessoas ligadas a eles) para a defesa contra índios, escravos fugidos e invasões estrangeiras. Como o comando de fato ficou nas mãos dos senhores de engenho, acabou sacramentada a autoridade do poderoso local sobre seus dependentes e agregados. Em outras palavras, seu poder foi incentivado pelas autoridades metropolitanas e acabou aceito pelos povoadores. Afinal, o senhor de engenho, na maioria esmagadora das situações, era a única autoridade local. (Pode-se dizer que temos aqui a raiz do futuro *coronelismo*, que vigoraria no Brasil pós-Independência.)

Veremos com destaque como se deu a formação social na região açucareira do Nordeste (Pernambuco, Bahia e regiões vizinhas), diferentemente das regiões cuja atividade econômica predominante era o bandeirismo ou a criação de gado, por exemplo, embora entre todas elas haja algumas características comuns.

Para o Brasil não emigraram elementos da alta nobreza ou do alto clero português, nem da burguesia rica de Portugal, mas apenas de suas camadas inferiores. De modo geral, predominaram entre os povoadores elementos da pequena burguesia, camponeses, *jornaleiros* (homens livres assalariados), artesãos, marinheiros, pescadores e soldados, além de uma categoria social de difícil classificação, porque ainda não estudada o suficiente, a dos degredados pelos mais diversos crimes e que poderiam pertencer originalmente a qualquer grupo social.

O colono que se dirigia ao Brasil, via de regra, buscava o enriquecimento rápido para poder retornar logo a Portugal com um bom cabedal que lhe permitisse o gozo de um *status* social mais elevado e uma vida material confortável. A obsessão de acumular e o pouco interesse em permanecer na terra transpareciam nas menores instâncias do cotidiano colonial, como observou Ambrósio Fernandes Brandão, autor da obra *Diálogos das grandezas do Brasil*, produzida por volta de 1610. Ao comentar o problema da falta de frutas, afirmou que os colonos não queriam empregar seus escravos no plantio de árvores frutíferas:

> [...] não lhes sofre o ânimo ocupar a nenhum deles em cousa que não seja tocante a lavoura, que professam de maneira que tem por muito tempo perdido o que gastam em plantar uma árvore, que lhes haja de dar fruto em dois ou três anos, por lhes parecer que é muita a demora;

> porque se ajunta a isto cuidar cada um deles que logo em breve tempo se hão de embarcar para o Reino, e que lá hão de ir morrer, e não basta a desenganá-los desta opinião mil dificuldades que, a olhos imprevistos, lhes impedem podê-la fazer.

Eis um exemplo precioso da mentalidade dos colonos e da forma com que se povoava o Brasil no início do século XVII. Os grandes proprietários, em especial, tinham como único objetivo o lucro, sem a mais leve preocupação de criar condições mais confortáveis na nova terra.

Contudo, o documento também chama a atenção para o fato de que o retorno triunfal à pátria nem sempre era possível. As peculiaridades da economia colonial, a grande variação internacional do preço do açúcar, com muitos altos e baixos, o endividamento exigido pela montagem do engenho e a aquisição dos escravos não facilitavam a transformação dos cabedais em moeda que permitisse uma vida rica e sossegada em um solar ou quinta em Portugal.

Por outro lado, o status de *senhor de engenho* ou de *rico lavrador de cana,* com seus muitos escravos e dependentes, e os privilégios políticos e jurídicos que gozavam na sociedade local acabavam por conquistar, com o tempo, mais um emigrante definitivo. Mas nem esse se mostrou interessado em criar no Brasil uma nova sociedade com novos valores e projetos. A organização social e política – pautada pelas normas das Ordenações e fiscalizada pela Igreja (que, por sua vez, era orientada pela Inquisição) – favorecia os grandes proprietários que não queriam nem eram incentivados a mudar nada.

Para uma verdadeira rentabilidade, a produção açucareira exigia vastas extensões cultivadas que abastecessem moendas e fornalhas que, por sua vez, demandavam um considerável empate de capital. A soma desses fatores acabou por levar à preferência pelo sistema de grande propriedade, o que vai refletir-se até na legislação metropolitana.

Embora as primeiras determinações régias sobre a concessão de terras nos Brasil (expressas nas cartas de doação e nos *forais* dos donatários, obedecendo à chamada Lei das Sesmarias) não revelassem nenhuma preferência pelo sistema da grande propriedade, o Regimento dos Governadores, dado ao governador-geral Tomé de Sousa, em 1548, já trazia nos seus artigos a especificação de privilégios para os mais abonados, quando se tratasse do local adequado à construção do engenho. Assim, para as terras próximas aos cursos de água, determinava no artigo 10:

> [...] e as que derdes para engenho d'açúcares, será a *pessoas que tenham possibilidade para os poderem fazer* [...]. E para serviço e manejo dos ditos engenhos d'açúcares, lhes dareis aquela terra que para isso for necessária e as ditas pessoas *se obrigarão a fazer*, cada um em sua terra, *uma torre ou uma casa forte*, da feição e grandeza que lhes declarardes nas cartas, e será a que vos parecer, segundo o lugar em que estiverem, que abastarão para segurança do dito engenho, e povoadores de seu limite. (Destaques meus.)

Os que não conseguissem construir moendas poderiam moer sua produção nos engenhos, que, por sua vez, seriam obrigados a fazê-lo segundo as condições determinadas no artigo 11:

> Além da terra que a cada engenho haveis de dar para serviço e manejo dele, lhes limitareis a terra que vos bem parecer e *o senhorio dela será obrigado de, no dito engenho, lavrar aos lavradores as canas que no dito limite houverem as suas novidades,* ao menos seis meses do ano que o tal engenho lavrar. E por lhas lavrar levarão os *senhorios dos ditos engenhos* aquela parte que pela informação que lá tocareis, vos parecer bem; de maneira que *fique o partido favorável aos lavradores,* para eles, com melhor vontade, folgarem de aproveitar as terras; e com esta obrigação e de declaração de partido a que lhe hão de lavrar as ditas canas, se lhes passarão suas cartas de sesmarias. (Destaques meus.)

Essas determinações são de fundamental importância para a compreensão do sistema de propriedade e da sociedade no Brasil colonial. Por um lado, ficava bem evidenciado o objetivo econômico da metrópole quando reservavam para os engenhos a proximidade dos cursos de água e quando definiam a extensão necessária a seu funcionamento e garantiam o seu abastecimento com a produção de lavradores vizinhos, desenhando, assim, uma feição moderna no controle da produção. Por outro lado, essas determinações revelam traços arcaizantes, como o uso da palavra *senhorio* para nomear o empresário açucareiro, que se assemelhava ao senhor feudal europeu no seu direito de poder cobrar pelo uso do engenho.

O artigo 32 do Regimento, ao explicitar as obrigações militares dos donatários, senhores de engenho e moradores do Brasil, exigia que os segundos tivessem nas suas casas-fortes, além de quatro peças de artilharia, dez espin-

66 HISTÓRIA DO BRASIL COLÔNIA

gardas, dez bestas, vinte espadas, dez lanças ou chuços e vinte "corpos d'armas de algodão" (espécie de coletes de couro duro de anta, estofados com algodão que serviam como armaduras que protegiam o corpo de flechas e até lanças).

Como se pode ver, previa-se que o senhor de engenho – além da construção de um símbolo de força (e por que não dizer de autoridade) como era uma torre – deveria ter armas que pudessem ser usadas por cerca de dez a vinte homens, o que pressupunha a existência de elementos europeus ou nativos subordinados às suas ordens. Acrescida essa determinação àquela que, de certo modo, acabava por formar uma camada dependente do senhor de engenho, a dos lavradores de cana, temos a origem do núcleo básico da sociedade brasileira por quase quatro séculos: o grande proprietário todo-poderoso – com seu séquito de escravos, agregados, parentes e vizinhos –, que seria o principal responsável pela ocupação, exploração e defesa da colônia.

*

As medidas adotadas para combater os indígenas rebeldes também ajudaram a moldar a sociedade colonial como um todo. O "problema indígena", do ponto de vista dos colonos, só foi resolvido com a absorção ou o extermínio físico dos índios.

O hábito de andarem nus, a despreocupação com a acumulação de bens (devida à prática de partilhar os resultados do trabalho coletivo), o fato de não possuírem religião organizada, código de leis ou reis foram traços culturais que forneceram argumentos para os colonos que preferiram encarar os índios como selvagens, tolos e desprezíveis. Alguns europeus usaram características da própria língua usada por tribos nativas, onde faltavam alguns sons usados pelo português, para afirmar a inferioridade indígena:

> E, por isso, se diz geralmente que êste gentio do Brasil carece na sua língua de três letras principais, as quais são F, L, R – em sinal de que não tem Fé, Lei, nem Rei; são todos inclinadíssimos a guerras, e entre si as tem sempre travadas uma nação contra a outra; comem carne humana o que mais fazem por vingança, adiante direi, que para sustentação.

O indígena foi apresado desde os primeiros tempos da Descoberta; existem documentos que comprovam a compra de escravos indígenas no litoral de São Vicente por volta de 1527. Com o início da colonização, a partir de 1532, tribos indígenas das áreas mais próximas ao litoral foram rapidamente vitimadas por maus-tratos, dizimadas por massacres ou pelos efeitos mortíferos da introdução de doenças comuns na Europa e África, para as quais os nativos da América não possuíam defesas. Outras tribos fugiram à escravidão migrando para o interior do país, procurando viver a uma distância segura dos colonos.

A diminuição do contingente indígena à disposição dos portugueses, aliada à resistência dos nativos ao trabalho agrícola continuado e sob rígida supervisão, incrementou a opção pela mão de obra escrava africana, de resto já utilizada na metrópole e nas ilhas portuguesas do Atlântico. Nessa decisão, é preciso considerar ainda os interesses econômicos dos *contratadores de escravos* e os da Coroa, que passaram a explorar com grande lucro o tráfico de africanos para toda a América. Como esse negócio era *monopólio régio*, a sua prática era arrendada pelo rei a particulares que adquiriam o monopólio mediante o pagamento de uma taxa para a Coroa.

Desde os primeiros ensaios bem-sucedidos de colonização, como a experiência de Duarte Coelho em Pernambuco, o escravo africano aparecia como a alternativa preferida, mas sua introdução dependia sempre da existência de um capital considerável para sua compra ou de condições para obtenção de crédito junto aos comerciantes que os vendiam.

Com isso, a utilização do africano ficou mais limitada à lavoura açucareira, enquanto as áreas mais pobres, como São Paulo, Maranhão e Rio de Janeiro, continuaram a empregar a mão de obra indígena até o século XVIII. Mesmo na Bahia e em Pernambuco, o índio continuou a ser utilizado como escravo, lado a lado com o africano, principalmente em atividades em que revelava particular habilidade como a caça, a pesca e o manejo de barcos. Sua importância crescia nas épocas de crise nas fontes de abastecimento africanas, como aconteceu no período da invasão holandesa.

Correntes historiográficas mais antigas e equivocadas atribuíam o abandono do uso da mão de obra indígena à sua pretensa inferioridade cultural diante do africano. Entretanto, hoje está clara a importância da cultura indígena para a sobrevivência dos colonos na nova terra. Com o índio, o colono aprendeu a conhecer e usar os caminhos, os animais e as plantas locais,

68 HISTÓRIA DO BRASIL COLÔNIA

além de assimilar técnicas agrícolas adequadas à floresta virgem e hábitos de higiene ligados ao clima tropical, como o do banho diário.

O valor guerreiro indígena, aguçado pelos combates constantes entre tribos, foi utilizado pelos portugueses a seu favor até o século XVIII, na luta contra invasores. O exemplo mais famoso é o do legendário Felipe Camarão, que se destacou no comando das forças indígenas que combateram os holandeses na Bahia e em Pernambuco, sendo por isso condecorado com a comenda da Ordem de Cristo.

Em 1759, um cronista baiano, ao descrever a população indígena da capitania, ressaltava que, dos 10.236 aldeados, cerca de 2.200 eram capazes de pegar em armas.

Guerreiros indígenas foram ainda utilizados para o apresamento ou a destruição de tribos rivais, como fizeram os que se aliaram a bandeirantes paulistas. (Isso levou alguns historiadores a afirmar que os índios teriam preferido essa atividade, que satisfazia melhor suas tendências culturais, à vida sedentária e pacífica oferecida pelos jesuítas.) Contudo, a utilização mais importante da mão de obra indígena por parte dos colonos não foi em combates, mas sim no trabalho da lavoura, da pecuária, do transporte, da coleta de produtos florestais, da caça e da pesca.

A posse ou *administração* de indígenas a seu serviço (como não podia alegar que seus índios eram *escravos*, usava o termo *administrados*) era constantemente lembrada quando se pretendia definir a importância ou prestígio de determinado bandeirante; dizia-se que ele "era um homem de muitos arcos".

A legislação da metrópole que visava "proteger" os índios, proibindo sua escravização a menos que fosse em "guerra justa", e a que estabelecia o sistema de *aldeamentos* dirigidos por religiosos ou por leigos foram sempre burladas, seja com a provocação deliberada de conflitos com os índios, seja pela redução dos *aldeados* à condição de escravo.

Testamentos de bandeirantes paulistas do século XVII demonstram um interessante compromisso entre o desejo de proteger aquilo que consideravam ser o patrimônio de seus descendentes e a necessidade de escapar às punições previstas nas leis que condenavam a escravidão indígena. As últimas vontades desses paulistas incluíam disposições como "lego as peças de gentio *forro* [índio] que estão na minha propriedade a..." – onde fica clara a contradição jurídica, pois é evidente a condição servil do indígena, assim como seu valor patrimonial como legado, ainda que não se chegasse a ponto de atribuir-lhe um valor monetário.

*

A escravidão negra era regida por leis na maioria dos países que a adotavam na época. Contudo, a desigualdade da relação entre o proprietário, que tinha amplos (e até totais) poderes sobre o escravo, e este, a quem só cabia obedecer sem demora a todas as ordens recebidas, fazia com que nem sempre as leis fossem cumpridas. Estava previsto, por exemplo, que o senhor deveria abrigá-lo, alimentá-lo e vesti-lo. Estava previsto também que castigos só deveriam ser aplicados "quando necessários". Mas o que determinava de fato a relação senhor/escravo era mais o caráter do senhor, de um lado, e a necessidade do trabalho escravo, de outro.

Os legisladores da época discutiam exaustivamente a questão se o escravo era "gente" ou "mercadoria". A conclusão mais aceita até o século XIX, por influência da Igreja Católica, era a de que o escravo era um misto das duas situações. Como mercadoria, poderia ser comprado, vendido, doado, emprestado, deixado de herança sem que pudesse escolher seu destino. O escravo também não podia reivindicar a propriedade legal de nada. Como gente, com alma, tinha direito ao batismo, a praticar a religião católica e assistir aos serviços religiosos; o senhor não podia impedi-lo (daí a existência, em alguns lugares mais urbanizados, de irmandades religiosas negras, com capelas, igrejas e cemitérios organizados e mantidos por escravos, em caráter coletivo, para suas missas, festas, orações e enterros). Nas áreas mais urbanizadas também havia senhores que aceitavam que o *escravo de ganho* juntasse um pecúlio para compra de sua liberdade ou a de familiares. Com isso, eles podiam obter um lucro extra.

A PECUÁRIA E A CULTURA VAQUEIRA

Desde os primeiros a se estabelecer, os colonizadores trouxeram para o Brasil galináceos, porcos, cavalos, burros e gado bovino, antes inexistentes na América. Esses animais foram de grande importância na colonização, sendo usados como fonte de proteína na alimentação e como meio de transporte.

70 HISTÓRIA DO BRASIL COLÔNIA

Ao contrário da África, Ásia e extremo norte das Américas, na fauna brasileira não existiam animais grandes e que andassem em bandos. As aves e os macacos que viviam nas árvores não eram suficientes para alimentar os povoados coloniais nem fáceis de capturar. A fauna terrestre de pequeno porte logo escasseava e mesmo índios eram obrigados a viver em nomadismo periódico, porque as áreas habitadas esgotavam os recursos naturais muito depressa. Em compensação, os animais importados se reproduziram rapidamente, já vinham ou podiam ser domesticados; e mesmo sem domesticação constituíam presa fácil. Observando os colonizadores, em pouco tempo os índios passaram a competir com eles pela caça e criação desses animais.

Inicialmente, os colonizadores tentaram plantar açúcar e alimentos (mandioca, milho etc.) e criar gado lado a lado. Porém, a experiência fracassou, porque o gado, criado solto, destruía as plantações – o que provocou choques violentos entre os dois tipos de colonos, os que se dedicavam mais às plantações e os que criavam animais. Com o estabelecimento do governo-geral, foi adotada a prática de doar sesmarias destinadas à pecuária em áreas afastadas das plantações do litoral. O primeiro governador, Tomé de Sousa, introduziu este costume fazendo grandes doações a seu assessor Garcia de Ávila, cujos descendentes chegaram a possuir quase toda margem esquerda do São Francisco; ele foi um dos poucos colonos que enriqueceram o suficiente para cumprir a determinação dos Regimentos de construir um castelo fortaleza ao sul de Salvador (hoje, suas ruínas atraem turistas para chamada Praia do Forte). Outra família que se distinguiu na criação de gado, na margem oposta do rio, foi a Guedes de Brito. Com outros sesmeiros de menor expressão, essas duas famílias ocuparam altos cargos na administração colonial.

Houve pecuária em todos os locais onde se estabeleceram colonos. O gado era criado livre, sem controle, e a tendência da pecuária foi se expandir sem direcionamento, atendendo apenas às condições locais do pasto; assim, o gado seguia primeiro e os vaqueiros iam atrás. No Nordeste, essa atividade econômica ocupou a área afastada do litoral desde a Bahia até Piauí e Goiás. Também se desenvolveu com destaque no interior de Minas Gerais (após a descoberta do ouro), em São Paulo, no Paraná e no Rio Grande do Sul.

A pecuária criou um tipo humano bem característico (que existe até hoje): o vaqueiro, termo que designa tanto os proprietários do gado quanto os homens que trabalham com ele. Para a lida no campo agressivo da caatinga, os vaqueiros criaram uma roupagem típica, própria para galopar em cavalos atrás do gado, composta de casaco, perneiras longas (da cintura aos pés), alpargatas e chapéu de couro (para a proteção contra a vegetação arbustiva ressecada e cheia de espinhos e cactos).

Como, na época, os pecuaristas não tinham recursos suficientes nem relações comerciais que lhes fornecessem empréstimos, não podiam comprar escravos. Assim, viviam um estilo de vida simples em casas semelhantes a cabanas, com predomínio de móveis e utensílios de couro. Na sociedade colonial, apesar da pouca paga, a condição de vaqueiro não era desonrosa, porque tinha o *status* de homem livre. Os empregados não recebiam salário; eram pagos com uma porcentagem do gado sobrevivente ao fim de um ano de trabalho. Dessa forma, os vaqueiros, passados alguns anos, podiam acumular um pequeno rebanho. Com isso, adquiriam condições de ocupar alguma gleba de terreno até então desocupada e se tornar fazendeiros (criadores).

Os megassesmeiros, como os Ávila, os Brito e outros, não conseguiam ocupar e administrar sua propriedade toda, pois era muito grande. Assim, surgiu no interior do Nordeste o costume de confiar uma área da propriedade para um vaqueiro que, periodicamente, deveria entregar ao megassesmeiro só uma parte do rebanho (por exemplo, bois novos, nascidos nos últimos três anos), pois o vaqueiro tinha direito a ficar com algumas cabeças para si conforme o contrato verbal acertado entre os dois. (Mas, no decorrer dos séculos e das gerações, as obrigações foram abandonadas e os vaqueiros passaram a considerar a fazenda como sua propriedade, embora sem documento legal que o comprovasse. Por isso, a posse das terras no sertão do São Francisco tornou-se objeto de muita controvérsia em disputas violentas que chegaram até o século XX. Algumas delas acabaram retratadas em romances como, por exemplo, *Grande sertões: veredas*, de Guimarães Rosa.)

Para se proteger da violência das constantes lutas com os vizinhos fazendeiros (em razão da disputa por espaço de pasto e do gado sem marcas) e com os índios da região, os proprietários cobravam o auxílio dos vaqueiros a seu serviço e mantinham auxiliares de tipo militar, os *jagunços*,

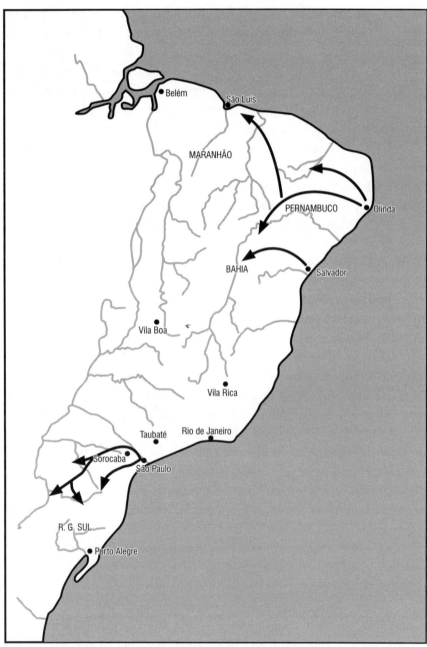

Expansão da pecuária: o gado, criado livre, se expandia sem direcionamento prévio. Os vaqueiros seguiam atrás dos animais.

A ECONOMIA COLONIAL **73**

encarregados de garantir a obediência dos vaqueiros, defender a propriedade e assassinar seus rivais. (Esse costume perduraria até o século XX.)

Toda essa violência nas áreas em que reinava a pecuária se deve, em grande parte, à demora da instalação da lei e da ordem. Elas só surgiriam, e precariamente, com o aparecimento das vilas do sertão no século XVIII.

No entanto, apesar da dureza da vida sertaneja, ela permitiu o surgimento de muitas manifestações culturais na música, na dança, no folclore. É da época colonial o *cordel*, que é a poesia feita para ser cantada, impressa em folhetos e vendida em feiras e festas da região até hoje. Essa poesia exalta ou critica fatos e personagens do cotidiano presente e passado. Muitas de suas narrativas dizem respeito às lutas entre mouros e cristãos na península ibérica, aos cavaleiros da Távola Redonda ou às façanhas atribuídas a Carlos Magno, mantendo vivas tradições ainda do tempo da Reconquista.

Os indígenas pacificados se adaptavam rapidamente às atividades da pecuária em razão da liberdade que elas proporcionavam com relação à jornada de trabalho. O mesmo acontecia com os africanos que compravam a liberdade ou fugiam para distâncias que desencorajavam a sua busca; para sobreviver, passavam a atuar como vaqueiros.

A propósito da presença de vaqueiros negros, um viajante estrangeiro não identificado por um autor do início do século XIX registrou um relato popular sobre um fazendeiro negro rico (originalmente um escravo fugido), que um dia foi procurado por um homem branco pobre e bem-educado que lhe causou grande apreensão. O visitante lhe disse não ter vindo para aprisioná-lo e, em seguida, falou-lhe da pobreza em que vivia atualmente. Então, o vaqueiro negro presenteou o branco com muitos recursos, inclusive uma tropa de mulas, que com certeza pagavam fartamente a sua liberdade. Ao final, os dois se separaram em paz.

A documentação não registra a presença de mulheres vaqueiras, mas ocasionalmente é possível que algumas tenham exercido essa função.

*

No fim do século XVIII, já existiam criadores importantes em Minas Gerais, Goiás, Mato Grosso, São Paulo, Paraná, Santa Catarina e Rio Grande do Sul. Nesta última região, surgiu mais um tipo social e econômico, o *gaúcho*.

74 HISTÓRIA DO BRASIL COLÔNIA

Vivendo em planícies amenas, o gaúcho usava calças largas de pano, chamadas "bombachas", camisa e poncho de lã (que o protegia do frio e da chuva). No início da exploração do gado nessa região (desde o século XVII), usava-se mais o couro curtido, que também era o principal produto de exportação para a Europa. O gaúcho rico ou pobre consumia a parte economicamente mais desprezada: a carne.

Entre os gaúchos havia uma mistura de brancos, índios, negros e mestiços. A sociedade gaúcha (no sul do Brasil e nos atuais Uruguai, Argentina e Paraguai) formou-se sem muita direção ou organização numa área de transição do marco do Tratado de Tordesilhas. Ali se instalaram homens livres, fugitivos e criminosos foragidos que se relacionavam relativamente bem com os índios e levavam uma vida frugal e quase nômade.

Com a diminuição do número de indígenas e o surgimento de um mercado para as carnes do gado abatido para retirada do couro, a atividade vaqueira se consolidou no Sul incentivando a prática de salgar e secar a carne para venda. No fim do século XVIII, surgiram povoados que centralizaram essa atividade, como é o caso da vila de Pelotas, onde foram instaladas fábricas de salga e secagem da carne que, depois de processada, era vendida aos navios para alimentação de marinheiros e para o Nordeste, para consumo da população em geral. Essa atividade se expandiu com os efeitos desastrosos da seca de 1777, que destruiu grande parte do rebanho nordestino. No início da década de 1780, instalou-se no Rio Grande do Sul um nordestino que organizou e expandiu a produção local chegando a exportar carne até para Cuba, onde servia de alimento para os escravos. O couro era usado para móveis, camas, cadeiras, portas, invólucros para exportação do açúcar e outros (a substituição por sacos de algodão, juta e até plástico, só aconteceu no século XX).

O Rio Grande do Sul era também uma região muito propícia para a agricultura, o que fez do gaúcho, que já tinha a carne, o homem mais bem alimentado do país. Em geral, a atividade pecuarista iniciada na Colônia ganhou grande importância na alimentação nacional (sua expansão atual já atingiu o meio oeste e ameaça de destruição a floresta amazônica.)

No século XVIII, o gado do Rio Grande do Sul passou a ser vendido para as regiões auríferas de Minas Gerais, transportado em tropas numerosas que levavam meses para chegar ao destino. À medida que a criação

A ECONOMIA COLONIAL **75**

de gado se desenvolveu nos sertões de Minas e nos do rio São Francisco, diminuiu a necessidade de gado bovino sulino nessas regiões, mas cresceu geometricamente ali o mercado para o gado muar e equino.

Numa época em que não existiam estradas de ferro, a única forma de transporte humano e de cargas era por meio de cavalos e mulas. Surgiu, assim, mais um tipo humano ligado ao transporte, o *tropeiro* (que corresponderia ao *caminhoneiro* de hoje). Podemos afirmar que sem os tropeiros a vida econômica não existiria (eles só foram perdendo importância e desaparecendo do cenário econômico com o desenvolvimento da pavimentação de estradas). O tropeirismo foi mais visível e forte no percurso do sul a São Paulo (ponto de chegada), mas ele existia em todo o território colonial ligando regiões, campos e cidades, transportando produtos, pessoas, cartas e notícias.

A ocupação do Rio Grande do Sul (chamado então de "Continente do Rio Grande"), com o tempo, recebeu encorajamento de fazendeiros paulistas da região de Sorocaba e também da prática de recompensar com terras na região alguns militares que haviam lutado nas guerras da fronteira castelhana pelo território das missões guaranis, nos séculos XVIII e XIX.

OUTRAS ATIVIDADES ECONÔMICAS

Os primeiros produtos comerciais encontrados e exportados pela colônia foram as madeiras, penas, pássaros e macacos (esses produtos continuariam a ser explorados por séculos). Entre eles, o que mais se destacou foi o pau-brasil, muito apreciado na Europa: a madeira em si era usada na fabricação de móveis e de arcos para instrumentos musicais de cordas (nesses quinhentos anos não foi encontrada outra com a mesma qualidade) e a tinta que soltava era aproveitada na florescente indústria têxtil europeia. O jacarandá (ou *rosewood*) também foi bastante procurado. Apreciadíssima pela beleza e durabilidade, sua madeira era usada em navios e na produção de instrumentos musicais de corda (como os violinos Stradivarius, valorizados até hoje pela pureza do som que produzem).

Nos séculos XVI e XVII, o pau-brasil era um produto de *monopólio régio*, o que significava que só podia ser explorado com licença real mediante pagamento para a Coroa do *quinto* (20% do valor colhido e vendido). Como era uma árvore que crescia em locais espalhados pela floresta da

76 HISTÓRIA DO BRASIL COLÔNIA

Mata Atlântica, os colonos dependiam da colaboração indígena para obtê-la. De início, sua coleta era feita com boa vontade pelos índios em troca de bugigangas. Mas logo foi rejeitada pelos nativos ao perceberem que o que recebiam não compensava o esforço que faziam para pegar e transportar a madeira. No século XVII, a diminuição do número de exemplares da árvore no litoral e o desinteresse dos índios pelo tipo de pagamento que os portugueses estavam dispostos a fazer nessa época (que então excluía os metais) tornaram a atividade menos relevante.

*

O algodão plantado, colhido e aproveitado pelos indígenas para confeccionar redes, sacolas e outros materiais foi também muito usado no cotidiano da colônia. O trabalho das mulheres indígenas com o algodão chamou a atenção dos colonos, que passaram a usar roupas de algodão local, muito mais baratas que as importadas. Em São Paulo, os fios de algodão chegaram a ser usados como moeda para compras e pagamento de impostos.

Alguns colonos acharam interessante desenvolver eles mesmos a produção de algodão. No campo da exportação desse produto, as capitanias que se distinguiram foram Pernambuco e Maranhão, pois contavam com a vantagem do clima e do solo favoráveis ao crescimento da planta. Até o fim do período colonial, a produção algodoeira não cessou de crescer.

*

A exploração das baleias chegou a ser uma atividade econômica importante a partir do século XVII na Bahia. Tudo começou em 1602, quando dois pescadores originários do golfo da Biscaia, acostumados a pegar baleias no norte da Europa e na Terra Nova, obtiveram por contrato o monopólio régio para exploração das baleias na região da Bahia. (Desde a Idade Média, a exploração da baleia era monopólio régio e por isso sujeita a contratos que garantiam a exclusividade dos chamados *contratadores* que pudessem oferecer o melhor pagamento à Coroa.) A carne desses animais servia de alimentação para os escravos; a gordura, derretida, era usada na iluminação e como liga nas construções de pedra; os ossos e a cartilagem eram usados como estrutura na confecção de peças do vestuário feminino. Todos esses produtos também eram exportados para a Europa, onde eram muito valorizados.

O acesso às baleias era facilitado na época do ano em que as águas se aqueciam (primavera e verão) e elas se aproximavam do litoral brasileiro (em pontos na Bahia, Espírito Santo, Rio de Janeiro, São Paulo e Santa Catarina) para acasalar e ter seus filhotes. Passada essa temporada, elas voltavam para os mares frios do Ártico, onde se alimentavam de plâncton e pequenos peixes. As baleias eram capturadas por equipes de arpoadores em barcos que contavam com 20 a 30 remadores. Era uma atividade perigosa, pois a estratégia utilizada – arpoar os filhotes cujas mães estavam próximas para atraí-las – fazia com que, muitas vezes, para socorrer os filhotes, as mães atacassem os barcos, destruindo-os.

Na atividade da captura de baleias não eram utilizados escravos africanos, considerados muito valiosos para serem desperdiçados nisso. Assim, no Brasil, os donos dos barcos costumavam fazer acordos com as autoridades locais para que lhes cedessem como trabalhadores forçados, mediante um pagamento mínimo, prisioneiros das cadeias, desordeiros e forasteiros indesejados. Os escravos negros eram, contudo, usados nas *feitorias da armação*, galpões onde as baleias eram retalhadas e a gordura de seus corpos fervida em enormes caldeirões de ferro. Depois, os pedaços e a gordura eram colocados em barris para o transporte. A importância dessa atividade pode ser avaliada pelo número de locais com o nome "Armação" existentes no litoral brasileiro da Bahia a Santa Catarina.

Podemos chamar os *contratadores da baleia* de capitalistas; não se envolviam diretamente na captura do animal, preferindo viver na metrópole, acumulando grandes fortunas, porque exploravam um ramo muito lucrativo da empresa colonial como sócios do Estado português e, geralmente, acabavam arrematando outros contratos de monopólio régio, como os do azeite, do vinho, da venda do sal. O trabalho em si de organização e comando era feito por subcontratadores locais.

O apogeu da atividade econômica colonial envolvendo baleias ocorreu em meados do século XVIII. A partir de então, em cerca de meio século, a concorrência norte-americana no setor conseguiu extinguir a indústria brasileira. Com grandes navios muito bem aparelhados, os norte-americanos caçavam as baleias em alto-mar, muito antes de elas chegarem à costa. Com isso, provocaram uma mudança de rota das migrações dos animais e, consequentemente, a derrocada dessa atividade econômica no litoral brasileiro.

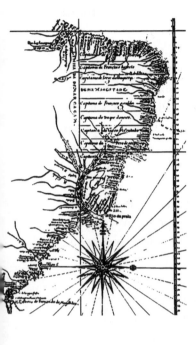

A exploração do ouro

Nas primeiras expedições exploradoras na terra recém-descoberta na América, os portugueses procuraram sinais de ouro e metais preciosos, sem nada conseguir. Quando foi criado o sistema de capitais hereditárias, Martim Afonso de Sousa e seu irmão Pero Lopes de Sousa receberam terras que iam desde os limites do que hoje é o estado do Rio de Janeiro até o estado do Paraná. Dentro dessa enorme extensão de terra, acabaram fundando duas vilas, a de São Vicente (na região de São Vicente, próximo a Santos) e a de Piratininga (no planalto). Por que a preferência por essas localizações? Não sabemos ao certo, mas ali havia portugueses já instalados (João Ramalho, Antônio Rodrigues, "Bacharel de Cananeia"...) que podem ter dado informações sobre caminhos que pudessem levar ao Peru (onde os espanhóis tinham encontrado ouro). De fato, havia por lá

80 HISTÓRIA DO BRASIL COLÔNIA

uma trilha guarani que seguia rumo ao Paraguai, alimentando entre os portugueses vagas esperanças de se chegar ao ouro peruano.

Já tratamos das frustrantes expedições incentivadas por Martim Afonso. E também já falamos da atividade econômica paulista que acabou substituindo a pesquisa do ouro. Mas ela nunca foi completamente abandonada, inclusive porque chegaram a ser encontradas no século XVI pequenas quantidades do metal no Ibirapuera e uma quantidade maior nas propriedades próximas do pico do Jaraguá. Essa busca por ouro de aluvião revelava periodicamente pequenas quantidades do metal que seriam exploradas até a primeira metade do século XIX.

Quando Portugal perdeu as minas de Monomotapa, na África do Sul, para os reinos negros da região, o governo metropolitano transferiu para a América, por volta de 1580, o aparelhamento humano e técnico que havia empregado na África. Assim, sob a direção de Pero Lopes de Sousa, vieram ao Brasil mineradores e forjadores que se instalaram em São Paulo e ensinaram a outros habitantes como procurar e reconhecer o minério. Entre esses técnicos, estava um belga chamado Leml, antepassado dos Pais Leme.

Em 1670, uma correspondência assinada pelo rei de Portugal solicitou ao bandeirante Fernão Dias Pais Leme (que já se distinguira na captura dos índios da missão dos Tapes e que era conhecido pelo seu sonho de encontrar esmeraldas) que procurasse ouro e pedras preciosas em troca da promessa de privilégios econômicos e políticos, inclusive títulos de nobreza e posse da região explorada. Honrado com a solicitação do rei, Fernão Dias reuniu recursos, parentes (vários filhos), agregados e *índios do seu serviço* e partiu na direção da região depois chamada de Minas Gerais. Apesar de sua idade avançada, pesquisou com seus homens por anos uma vasta extensão de terra até que, finalmente, encontrou umas pedras verdes que julgou serem as sonhadas esmeraldas. (Mas, depois de uma análise feita bem mais tarde em Lisboa, se descobriu serem apenas turmalinas. A propósito, só há algumas décadas foram finalmente encontradas esmeraldas no sertão baiano.)

Em 1681, Fernão Dias faleceu às margens do rio Sumidouro e seus restos mortais foram preparados à moda indígena para serem enviados a São Paulo. (A preparação consistia principalmente na separação dos ossos, que seriam sepultados por seus filhos no Convento de São Bento, em São Paulo, onde estão até hoje.) No sertão do Sumidouro, ficou o genro do bandeirante, Borba Gato, de posse das pedras verdes descobertas, preocupado em encontrar um meio seguro de enviá-las ao rei para, em troca, receber as honrarias prometidas, incluindo o título de "marquês das Minas". Mas, inesperadamente, chegou ao Sumidouro o fidalgo D. Rodrigo de Castelo Branco, um emissário real, dizendo ter plenos poderes nas questões de ouro e pedras preciosas e exigindo que Borba Gato lhe entregasse as pedras. O bandeirante se recusou a dá-las. E a briga dos dois terminou com a morte de D. Rodrigo. Como havia cometido um crime de lesa-majestade ao matar um emissário régio, Borba Gato decidiu escapar à punição prevista e, por isso, não voltou a São Paulo, dedicando-se a procurar ouro em outras paragens por longos 12 anos. Durante esse tempo, recebeu o apoio de toda família, inclusive da esposa, que vendeu suas joias para lhe enviar suprimentos.

Finalmente, em 1696, Borba Gato anunciou ter descoberto ouro. Enviou a notícia ao rei, aproveitando para pedir-lhe perdão, além de reivindicar o cobiçado título de "marquês das Minas", em troca de revelar a localização das minas (ficavam em Sabará). Comprovada a descoberta, o bandeirante foi perdoado e recebeu o título de "guarda-mor das minas", que o tornava administrador da mineração em Minas Gerais, encarregado de distribuir *datas* (lotes de terra menores que as sesmarias) para os demais colonos e de manter a ordem.

A descoberta do ouro de Sabará por Borba Gato foi quase simultânea à de Vila Rica (Ouro Preto) por outra bandeira. A partir daí, seguiu-se uma formidável "corrida do ouro" (a primeira da História, conforme ressaltou o historiador inglês C. R. Boxer), em que milhares de pessoas se precipitaram para o sertão de Minas Gerais na busca pelo metal precioso, especialmente entre 1695 a 1730, mas também nos anos seguintes. De São Paulo e vilas vizinhas correram tantos que, restando apenas velhos e crianças, chegou a faltar alimento para os que haviam ficado e, logo a seguir, para os que foram. Do Rio de Janeiro, partiram tantos homens que as fortalezas foram abandonadas, conforme se queixou o governador que ficou na companhia apenas de meia dúzia de homens fiéis, correndo grande risco de uma invasão estrangeira. O mesmo aconteceu com a Bahia.

A consequente alta dos preços de qualquer artigo comestível ou utilizável na mineração aumentou a tragédia da fome. Antes da corrida do

82   HISTÓRIA DO BRASIL COLÔNIA

ouro, as expedições sempre paravam em locais favoráveis para plantar milho e encontrar caça para seu sustento, mas agora essa prudência havia sido abandonada. Em geral, o quadro era dramático, porque muitos partiam para a região das minas apenas com a roupa do corpo, sem suprimentos e vestimentas adequadas e, ao chegar, não encontravam nada para comprar ou tomar. O jesuíta João Antônio Andreoni (conhecido por "Antonil") descreveu com grande precisão a loucura que foi a corrida do ouro:

> Sendo a terra que dá ouro esterilíssima de tudo o que se há mister para a vida humana, e não menos estéril para a maior parte dos caminhos das minas, não se pode crer o que padeceram ao princípio os mineiros por falta de mantimentos, achando-se não poucos mortos com uma espiga de milho na mão, sem terem outro sustento. (Antonil, *Cultura e opulência no Brasil*, São Paulo, Companhia Editora Nacional, s. d., 3ª parte, capítulo VII.)

Com o tempo, contudo, o ouro encontrado permitiu aos mineradores comprar de fora o que não se produzia por lá.

> Porém, tanto que se viu a abundância do ouro que se tirava e a largueza com que se pagava tudo o que lá ia, logo se fizeram estalagens e logo começaram os mercadores a mandar às minas o melhor que se chegava nos navios do reino e de outras partes, assim de mantimentos, como de regalo e de pomposo para se vestirem, além de mil bugiarias de França, que lá também foram dar. E, a este respeito, de todas as partes do Brasil, se começou a enviar tudo o que dá a terra, com lucro não somente grande, mas excessivo. (Antonil, *Cultura e opulência no Brasil*, São Paulo, Companhia Editora Nacional, s. d., 3ª parte, capítulo VII.)

No Nordeste, chegou a faltar escravos para operar os engenhos, pois os senhores haviam partido para Minas Gerais levando seus cativos para escavar para si ou para vendê-los com grande lucro a outros. Outros, simplesmente, venderam seus escravos lá mesmo para, em seguida, descobrirem que não tinham mão de obra suficiente para continuar produzindo açúcar.

> A sede insaciável do ouro estimulou a tantos a deixarem suas terras e a meterem-se por caminhos tão ásperos como são os das minas, que difi-

A EXPLORAÇÃO DO OURO **83**

> cultosamente se poderá dar conta do número de pessoas que atualmente lá estão. Contudo, os que assistiram nelas nestes últimos anos por largo tempo, e as correram todas, dizem que mais de trinta mil almas se ocupam, umas em catar nos ribeiros do ouro, e outras em negociar, vendendo e comprando o que se há mister não só para a vida, mas para o regalo, mais que nos portos do mar.
>
> Cada ano, vêm nas frotas quantidade de portugueses e de estrangeiros para passarem às minas. Das cidades, vilas e recôncavos e sertões do Brasil, vão brancos, pardos e pretos, e muitos índios, de que os paulistas se servem. A mistura é de toda a condição de pessoas: homens e mulheres, moços e velhos, pobres e ricos, nobres e plebeus, seculares e clérigos, e religiosos de diversos institutos, muitos dos quais não têm no Brasil convento nem casa. (Antonil, *Cultura e opulência no Brasil*, São Paulo, Companhia Editora Nacional, s. d., 3ª parte, capítulo V.)

No princípio, na região das minas, a luta por uma espiga de milho ou pedaço de caça era feroz e implacável e superava as barreiras sociais. Com o tempo, houve uma espécie de refluxo de pessoas que voltaram para seus locais de origem. Outros preferiram se embrenhar no desconhecido para achar riquezas além de ouro. Muitos paulistas que haviam sofrido o ímpeto minerador resolveram voltar à velha tática de plantar milho, mandioca e manter uma criação de galinhas e porcos. Logo foram imitados por outros. Espíritos empreendedores incentivaram o plantio nas regiões da colônia de onde haviam vindo e nas "trilhas do ouro" (na direção de São Paulo, Rio de Janeiro e Nordeste), onde acabaram surgindo pequenos aldeamentos, depois transformados em vilas. As atividades comercial e agrícola podiam ser menos heroicas e glamorosas do que a mineração, mas não tardaram em se revelar mais lucrativas e sólidas, dando origem a muitas fortunas, graças à rede de abastecimento agora tão necessária.

A confusão inicial do simples apossamento de lotes pelos mais fortes ou agressivos acabou sendo organizada com demarcações de *datas* (lotes) ordenadas e sorteadas entre os pretendentes, conforme o sistema administrado pelo guarda-mor das minas (Borba Gato e seus sucessores).

Os mineradores eram homens livres, pobres ou ricos. A ocupação das *datas* recebidas podia ser feita por qualquer um, sendo que alguns

84 HISTÓRIA DO BRASIL COLÔNIA

senhores receberam datas maiores, porque tinham um número maior de escravos a seu serviço.

Dada a origem geológica do ouro das minas, que era o chamado "de aluvião", encontrar algumas pepitas e veios esparsos não significava necessariamente ficar rico. Para corresponder às grandes ambições dos mineradores, era preciso também que o lote com ouro estivesse próximo a rios e córregos que permitissem "batear" as bacias com terra para separar as pepitas tão sonhadas. Encontrá-las era totalmente aleatório, premiando poucos.

Alguns senhores mineradores mais ricos supervisionavam seus escravos que escavavam e bateavam nos rios, organizados em filas para facilitar o controle. Porém, apesar de todos os cuidados e castigos, roubava-se muito. Os escravos costumavam ocultar as pepitas nas carapinhas, na boca ou em outros orifícios do próprio corpo.

Com o tempo, foi adotado por alguns senhores um sistema de recompensar os escravos mais produtivos com uma pequena porcentagem dos achados. Esses ganhos acabavam sendo gastos em petiscos vendidos pelas negras *quitandeiras* escravas ou livres, em cachaça, em contribuições para as irmandades religiosas e suas igrejas. Mas é claro que a acumulação mais importante era a que os escravos faziam para um dia poder comprar sua liberdade.

Porém, as longas horas de trabalho pesado nos rios gelados dos montes, a alimentação e o alojamento precários cobravam um alto preço de vida dos escravos, que ainda sofriam castigos físicos brutais.

As primeiras mulheres presentes nos povoados precários formados em torno da atividade mineradora foram as prostitutas, que acreditavam poder ganhar muito dinheiro dos homens solitários e capazes de pagar para satisfazer suas necessidades sexuais. Mas além das mulheres livres (ainda poucas), escravas exerciam a função de objeto sexual obrigadas por seus senhores, para os quais entregavam, depois de receber por seu trabalho, uma quantia diária estipulada. Surgiram assim muitos "empresários" dessa atividade, embora ela fosse proibida pelas leis portuguesas.

As prostitutas que eram descobertas pelas autoridades podiam receber castigos físicos como punição pela prática ilegal. Seus senhores, quando pegos, eram multados ou cumpriam pena de prisão; a saída foi exercerem alguma atividade legal para disfarçar a verdadeira fonte de seus rendimentos.

Proprietárias mulheres (que chegaram à região em levas migratórias posteriores) utilizavam suas escravas como cozinheiras e vendedoras de rua das chamadas *quitandas*: bolos, bolachas, pastéis, salgados diversos, doces e balas. Esse comércio floresceu especialmente onde havia lavras, pois lá a freguesia era aumentada pelos escravos que aproveitavam para melhorar sua alimentação e procurar a intimidade das vendedoras. Por outro lado, a presença das quitandeiras era malvista pelos senhores, porque elas forneciam bebidas alcoólicas aos escravos, "prejudicando" seu trabalho, e podiam ser suas cúmplices no desvio de ouro. A propósito, espalharam-se histórias de que as negras enchiam com facilidade seus cabelos de pó de ouro para roubá-lo, o que levou à proibição de sua ida às lavras.

A RIQUEZA E A URBANIZAÇÃO DE MINAS GERAIS

Desde o início da atividade mineradora, ficou evidente que o modelo de povoamento agora teria de ser urbano e não mais disperso, como nas regiões em que as principais atividades econômicas eram a agricultura ou a pecuária. Nas Minas Gerais, surgiu assim um aglomerado de vilas e arraiais onde se desenvolvia uma vida social mais variada e intensa que em outras partes da colônia. Ali se instalaram diversos burocratas, funcionários régios e autoridades locais, além de mineradores, comerciantes, artífices, artistas e religiosos.

O principal imposto cobrado na região das minas era o *quinto* (20% do metal obtido), que chegou a ser cobrado de diversas maneiras, mas todas elas desagradavam os habitantes locais; a cobrança do quinto sempre provocava desordens. Havia ainda outros impostos pesados, como o das Entradas (sobre todos os produtos que entravam na região) e o das Passagens (sobre pessoas que chegavam). No decorrer do século XVIII, foram criados outros impostos específicos sobre os ganhos de outras atividades. A Coroa ficava com o grosso dos impostos (uma parte deles ficava com os *contratadores*).

Já no início da mineração, a Coroa proibiu a instalação de qualquer ordem religiosa na região das minas, pois, com as primeiras descobertas, alguns padres questionaram o direito régio ao monopólio do ouro e tentaram convencer os mineradores a não pagar a porcentagem do rei. (As ordens religiosas só passariam a atuar em Minas Gerais depois da chegada da Corte portuguesa ao Brasil.) Porém, eram admitidos padres leigos

86 HISTÓRIA DO BRASIL COLÔNIA

sob a autoridade do bispo de Mariana e irmandades religiosas (tanto de brancos, quanto de negros e pardos livres e de escravos), com suas capelas consideradas necessárias para os serviços religiosos, a assistência espiritual e física aos irmãos. A Igreja, por sua vez, apoiou e incentivou as irmandades, porque elas proviam serviços que ela não podia cumprir e ajudavam a reforçar a fé entre os leigos.

Essas instituições originárias da Idade Média (em razão da falta de padres e de igrejas em toda a Europa) podiam assumir uma gama variada de funções: cultuar um santo específico, cuidar de doentes e grávidas, sepultar adequadamente os *irmãos*, os pobres e os estrangeiros, construir pontes e fontes de água etc. Entre elas, uma das consideradas mais importantes era promover o sepultamento que assegurasse "a paz dos mortos", ou seja, aquele feito dentro das igrejas (essa tradição cristã medieval surgiu do medo proporcionado pelo clima de violência e terror decorrente das lutas entre nobres e reis e das invasões de "bárbaros", *vikings*, muçulmanos, piratas etc.). No Brasil, as irmandades existiam em toda colônia, mas foi em Minas Gerais que elas floresceram mais.

Cada irmandade, formada por fiéis devotos de um santo, era dirigida por uma mesa de *irmãos*, com um provedor, um escrivão e um tesoureiro. Um capelão contratado conduzia seus serviços religiosos. Nas festas religiosas, a irmandade organizava procissões em que os irmãos desfilavam com andores enfeitados de bandeiras e opas coloridas. As diferenças sociais entre brancos, negros, pardos, livres, escravos, ricos e pobres, além da variedade de etnias africanas, criou uma cultura de competição, em que as irmandades representativas desses segmentos se empenhavam em brilhar mais. Quando, por exemplo, a Irmandade do Rosário dos Homens Brancos construiu uma esplêndida capela, a dos Homens Negros fez o mesmo, deixando em Ouro Preto o testemunho do sacrifício feito pelos irmãos "para a glória de Deus" e a inveja dos contrários. Muitas outras irmandades surgiram em Ouro Preto, Sabará, Mariana, Congonhas do Campo, São João Del Rey, Diamantina – as principais cidades das Minas Gerais de então.

A urbanização e a competição entre os crentes criaram um campo de trabalho significativo para artífices portugueses, seus filhos e aprendizes negros versados em arquitetura, carpintaria, marcenaria, ourivesaria, pintura e escultura. Suas obras acabariam conhecidas como exemplares do estilo chamado "barroco mineiro", que estudiosos hoje consideram mais original e criativo que o de seus contemporâneos portugueses e europeus. É que, aqui, o barroco foi enriquecido com elementos da cultura indígena e africana. De fato, diversos africanos e mestiços se destacaram como artesãos e artistas em Minas Gerais. O que viria a ser mais valorizado e famoso foi João Francisco Lisboa, conhecido como Aleijadinho, filho de uma negra e de um artista português. Ele produziu inúmeras estátuas de santos em madeira e em pedra sabão, sendo o conjunto de profetas do adro de Congonhas do Campo o mais belo exemplo de sua obra.

As cerimônias religiosas e as festas cívicas exigiam a presença de música, sacra ou laica. Na época áurea da sociedade mineira, havia um ambiente muito favorável a músicos e compositores, com destaques para vários negros e mestiços que tiveram condições de se tornar grandes mestres criadores, inclusive de música erudita, cuja originalidade se prolongaria até o período do Primeiro Reinado. O padre José Maurício Nunes Garcia e muitos outros músicos de talento tiveram o apoio de suas irmandades (que, mal comparando, se assemelhavam aos sindicatos modernos e que protegiam os direitos de músicos e compositores em suas negociações com igrejas e governos).

Testemunhas contemporâneas e viajantes do século XVIII se deslumbraram com a abundância e a qualidade da música mineira executada e produzida por músicos mulatos ou negros, livres ou escravos, em todas as vilas e paróquias. Eram pagos por irmandades, por particulares ou pelas câmaras municipais, e conseguiam manter-se com seu ofício. Alguns deles chegaram a organizar irmandades próprias, sendo a mais poderosa a de Santa Cecília, cujos estatutos revelam como regulava o exercício da profissão, os pagamentos, os deveres, as qualificações exigidas etc. Entre os inúmeros nomes arrolados na documentação da época, destacam-se os de José Joaquim Emerico Lobo de Mesquita, Francisco Gomes da Rocha, Inacio Parreira Neves e Jerônimo de Sousa Lobo.

Na questão da escravidão, a sociedade mineira era igual a toda a Colônia. Contudo, as peculiaridades da exploração do ouro criaram condições para que os escravos obtivessem de seus senhores algumas concessões, como, por exemplo, poder comprar do senhor a alforria com o dinheiro

88 HISTÓRIA DO BRASIL COLÔNIA

ganho na mineração (por meio de recompensas ou roubos), no comércio, na prostituição ou nas atividades artesanais.

No sistema escravocrata brasileiro, havia muitas formas de obter lucro com o trabalho escravo. Além do mais óbvio, o uso da mão de obra escrava na lavoura ou em outras atividades do senhor (no caso de burocratas, comerciantes, artesãos etc.), os escravos também podiam ser alugados (a paga era entregue diretamente ao proprietário) ou ser enviados diariamente em busca de trabalhos ocasionais. Nesse caso, os negros recebiam uma porcentagem dos ganhos por seu trabalho ou, se pré-estabelecida uma quantia diária fixa para o senhor, os negros ficavam com o excedente para si. Esta última forma acabou sendo muito comum no caso dos escravos que tinham um ofício (como carpinteiro, sapateiro, alfaiate, quitandeira, prostituta etc.). Ela proporcionava ao cativo maior liberdade de movimentos e a possibilidade de juntar um pecúlio. (Entre as quitandeiras, encontramos muitos casos de escravas que compraram sua liberdade e até puderam adquirir seus próprios escravos para auxiliá-las nas suas atividades ou trabalhar para elas como *escravos de ganho*. As mais bem-sucedidas no comércio eram as originárias da Costa da Mina, região da África em que a venda de produtos em mercados cabia às mulheres.)

Não é difícil entender por que esse sistema se desenvolveu com vigor em áreas urbanas. Em Minas Gerais, no começo da atividade mineradora, as alforrias obtidas por liberalidade do senhor ou por compra não eram muitas, porque o lucro que os escravos podiam proporcionar era grande, conforme a produtividade e também a sorte de cada um. Mas, no último quartel do século XVIII, tornaram-se mais comuns, porque, com o empobrecimento causado pelo esgotamento das minas, tornou-se mais interessante (lucrativo) para o senhor vender a liberdade ao escravo.

Ainda na questão da compra da liberdade ou alforria, outros fatores podiam facilitar o processo. O caso de Chico Rei – um africano, filho de algum rei, que foi vendido a mercadores de escravos por seus irmãos e veio parar em Ouro Preto – ficou famoso. Ali, na primeira metade do século XVIII, depois trabalhar por algum tempo, Chico comprou sua liberdade, segundo a história popular, auxiliado por seus súditos que o respeitavam e se cotizaram para ajudá-lo. (Há registros de diversos reis ou príncipes africanos que continuaram a ser venerados no Brasil, mesmo tendo se tornado escravos.) Chico

Rei pagou também pelos direitos de exploração de uma mina aparentemente esgotada, onde, por sorte, acabou encontrando um novo veio, muito volumoso, que lhe proporcionou uma grande riqueza. Com esses ganhos, passou a pagar pela liberdade de outros escravos, seus súditos.

No caso das negras, havia outras oportunidades de escapar a seu destino, raras, mas não impossíveis, como a união com homens de recursos. Contudo, a quase lendária história de Chica da Silva, ocorrida no distrito de Diamantina, em Minas Gerais, é um exemplo sem igual, um caso extremo de ascensão social de uma liberta.

A descoberta de diamantes na região do Serro Frio, em Minas, criou a necessidade de organizar a exploração aurífera em bases rígidas para impedir o contrabando e favorecer o controle da quantidade das pedras exploradas com vistas a manter o seu preço no mercado internacional. Para isso foi então criado o Distrito Diamantino, onde o monopólio régio da exploração de diamantes seria concedido a contratadores. O mais famoso deles, João Fernandes de Oliveira Filho, acabaria se unindo em 1754 com uma de suas escravas, Chica da Silva, com a qual conviveria por muitos anos.

A escrava Chica da Silva nascera em 1732 no arraial de Milho Verde, perto do Tejuco. Pertencia inicialmente ao médico Manuel Pires Sardinha (com quem ela teve um filho de nome Simão Pires Sardinha, libertado por seu pai no batismo). Foi comprada por João Fernandes, que se apaixonou, uniu-se a ela e a libertou. O casal teve 13 filhos, 9 mulheres e 4 homens, todos registrados. O contratador proporcionou à Chica da Silva um estilo de vida luxuoso para a época: a ex-escrava vestia-se com luxo, andava coberta de joias e tinha escravos a seu serviço. Com muito dinheiro à disposição, ela fez parte de diversas irmandades, das quais se tornou protetora, chegando a bancar a construção de uma igreja. Suas filhas foram educadas no Recolhimento de Macaúbas, considerada a melhor escola de moças da época. Com bons dotes, as meninas conseguiram se casar com homens de *boas famílias*. Quando, em 1770, João Fernandes voltou a Portugal (para cuidar da herança paterna e resolver questões administrativas), levou consigo os quatro filhos homens e o enteado Simão Pires Sardinha (todos *bem encaminhados*). Tendo falecido em 1779, nunca voltou ao Brasil para rever Chica da Silva, que faleceu em 1796, deixando um testamento com legados de grande valor.

EX-ESCRAVOS QUE TINHAM ESCRAVOS

O sistema escravista permeava toda a vida colonial, ou seja, o costume de ter escravos era adotado em todo o Brasil por quem pudesse comprá-los. Claro que havia pessoas que se revoltavam contra a escravidão de seres humanos, mas eram exceções em uma sociedade em que a escravidão fazia parte da ideologia dominante.

Os negros escravizados aproveitavam todas as oportunidades de utilizar seus talentos inatos e suas habilidades adquiridas para melhorar sua sorte. Observando as oportunidades (não muitas) e as condições dos costumes coloniais, procuravam acumular um pecúlio para comprar a própria liberdade e a de sua família (membros com os quais tinham contato). Uma vez estabilizados em algum ofício ou comércio, percebiam a necessidade de possuir mão de obra para obter maiores ganhos. Dadas as condições sociais, a única solução parecia ser a posse e o uso de escravos, o que explica o fenômeno de ex-escravos que possuíam escravos.

Quitandeiras retratadas por Henry Chamberlain (1821).

MONÇÕES DO MATO GROSSO

Monções eram bandeiras que penetravam os sertões utilizando-se do curso dos rios para se movimentar com barcos. As que saíam de São Paulo em direção às áreas de mineração localizadas no Mato Grosso eram das mais perigosas, em razão das dificuldades da viagem que tinha de ser feita por barcos especiais (canoas criadas a partir do tronco escavado de uma grande árvore muito resistente) que transportavam todo o carregamento necessário ao abastecimento da região de destino e aos *monçoeiros* durante os meses que durava a viagem. Esses barcos se revelaram muito adequados para o transporte de mercadorias, homens e animais diante de todas as dificuldades encontradas no percurso por água.

A viagem em direção à Vila Bela, próxima à Cuiabá, no Mato Grosso, começava em um local chamado Porto Feliz, às margens do rio Tietê, depois de uma série de cachoeiras desde Santana do Parnaíba. Após percorrer o Tietê, a navegação seguia pelos rios Paraná e Paraguai. O trajeto era longo e cheio de perigos, mas foi escolhido em lugar da trilha terrestre (que atravessava os territórios paulista e mato-grossense povoado por indígenas conhecidos pelos bandeirantes como seus inimigos de longa data).

Ainda em território paulista, os monçoeiros tinham, em certos trechos, que arrastar os barcos por terra em razão das muitas cachoeiras e corredeiras existentes no rio Tietê. No caminho, encontravam cobras, onças e jacarés, além de inúmeros insetos, inclusive os transmissores da malária. No curso do rio Paraná, havia muitas corredeiras e cachoeiras que também os obrigavam a seguir por terra, arrastando os pesados barcos até atingirem outro ponto navegável. Quando chegavam ao lugar conhecido como Camapuá, precisavam percorrer o trecho de alguns quilômetros que separava o rio Paraná do rio Paraguai. Nessa fase, os viajantes pesadamente carregados tinham que se defender dos ataques dos índios guaicurus, que eram cavaleiros (haviam conseguido capturar cavalos fugidos das fazendas castelhanas e, com isso, adquiriram uma arma poderosa para o combate terrestre, no qual demonstravam grande habilidade e eficiência). Chegados ao rio Paraguai, os monçoeiros passavam a temer os índios paiaguás, canoeiros que atacavam as expedições e, por vezes, conseguiam destruí-las completamente. Os impressionantes paiaguás tinham barcos que podiam comportar até 100 homens.

92 HISTÓRIA DO BRASIL COLÔNIA

Enfim, as perdas humanas e materiais das monções eram enormes, chegando a haver casos de perda total. Então, por que tantos sacrifícios em viagens que podiam durar até seis meses? Era a ambição de enriquecer de um modo ou de outro com o "ouro de Cuiabá". (Vila Bela ficava à margem do rio Coxipó-Mirim, onde Pascoal Moreira Cabral descobriu o primeiro ouro. Poucos anos depois, a uma pequena distância, descobriu-se uma fonte de ouro mais rica e ali se fundou Cuiabá.) Esse ouro era extraído em menor quantidade que o de Minas Gerais e era proporcionalmente menos lucrativo, devido às despesas envolvidas em sua obtenção.

Em crônicas produzidas por viajantes da época, ficaram registrados alguns fatos pitorescos que evidenciam as agruras dos primeiros povoadores da região mato-grossense. Uma delas conta que as primeiras colheitas de milho dos plantadores esfaimados foram devoradas por ratos e pássaros agradecidos pelas refeições gratuitas. Um viajante previdente resolveu levar para lá gatos (imagine gatos presos num barco por seis meses!) que, ao chegarem a Cuiabá, renderam muitas pepitas de ouro a seu proprietário que os vendeu aos habitantes locais.

Outra crônica relata o caso de uma alta autoridade portuguesa que fez essa mesma longa viagem vestida com roupas europeias de lá, veludo e cetim, botas e chapéu luxuosos sem trocar as vestes nem tomar banho uma só vez! Apesar das insinuações e conselhos de seus acompanhantes, o homem não desistiu de sua teimosia. Deve ter provocado um terrível choque cultural nos brasileiros – acostumados desde o início da colonização a seguir o hábito indígena dos banhos frequentes – o contato íntimo com um europeu para qual o banho era um evento anual... (Essa narrativa evidencia que na primeira metade do século XVIII já se consolidara entre os colonos um novo costume higiênico – tomar banho – que garantia a sobrevivência nos trópicos.)

As viagens para Cuiabá eram anuais, partindo ou chegando em épocas determinadas pelas condições das chuvas (daí o nome de "monções", copiado do fenômeno indiano). Dadas as dificuldades do trajeto, não eram viagens muito atrativas e só eram feitas por aqueles que tinham interesses muito poderosos ou grandes esperanças de se dar bem. Nos primeiros tempos, depois do achamento de ouro no Mato Grosso em 1718, houve para lá uma "corrida do ouro" semelhante à de Minas Gerais, embora em menor escala, inclusive pelo custo para se chegar ao lugar. O local das minas e as regiões intermediárias atraíram um pequeno número de povoadores que abasteciam os mineradores forasteiros. Quase no fim do percurso, a Coroa portuguesa bancou a construção do forte Príncipe da Beira, para intimidar os espanhóis. (Esse forte existe até hoje, tombado como *patrimônio nacional*, e fica em Mato Grosso; pode ser visitado, dando testemunho do trabalho persistente e determinado de seus construtores.)

O OURO DE GOIÁS

Na região central de Minas Gerais, onde haviam sido achadas as primeiras minas valiosas de ouro do Brasil, ocorreu um conflito opondo dois grupos que disputaram o poder político na região: os *paulistas* (bandeirantes que, por terem sido os primeiros descobridores do ouro, detinham postos importantes na administração local e controlavam de fato a distribuição das *datas*, propriedades concedidas para a exploração mineira) e os forasteiros ou *emboabas* (pessoas que chegaram em um segundo momento, originárias de outras capitanias ou diretamente de Portugal). A disputa armada entre esses grupos ocorreu entre 1707 e 1709 e ficaria conhecida como Guerra dos Emboabas. O número maior de *emboabas* na região e o apoio da Coroa, que agora temia o aumento de poder na mão dos *paulistas*, resultaram na derrota paulista.

O bandeirante Bartolomeu Bueno da Silveira, depois de uma participação desastrosa nos combates dessa guerra, resolveu procurar riquezas em uma área até então pouco atrativa, a região além do Rio Grande que hoje chamamos de Goiás. Em 1728, ele encontrou o ouro na localidade a que deu o nome de Vila Boa (mais tarde, chamou-se Goiás e, depois, Goiás Velho, uma forma popular de nomear a cidade depois da fundação de Goiânia na década de 1930). Contudo, a corrente de povoadores que se dirigiu para lá em função da descoberta de Bartolomeu Bueno da Silveira não foi muito grande; o local sofria muito com os ataques dos índios caiapós, xavantes, kalapalos, acroás e outros, além de ser de difícil acesso. Entre os povoados que, contudo, surgiram nessa época, destacaram-se Goiás (Velho) e Pirenópolis. Os povoadores da região também construíram capelas enfeitadas de ouro e exemplares arquitetônicos barrocos. Mas a sociedade local era rarefeita e bem mais simples e pobre que a de Minas Gerais, embora acompanhasse o modelo escravocrata geral. Nem Goiás nem Mato Grosso conseguiram criar uma produção cultural semelhante à de Minas Gerais.

Muito cedo, os povoadores pouco beneficiados pelo ouro resolveram se dedicar à pecuária, ao cultivo e o preparo do tabaco ou à produção de carne-seca. Esses dois produtos passaram a ser enviados a outras regiões, transportados em caravanas de mulas; chegavam ao litoral por trilhas que passavam pelo sertão de Minas Gerais ou pelo caminho paulista que cruzava povoados como Franca, Campinas e São Paulo. Eles eram consumidos pela população ao longo do caminho e das cidades litorâneas.

A riqueza do ouro extraído no Mato Grosso e em Goiás acabou se acumulando de fato nas mãos dos comerciantes, locais ou forasteiros. A região mais beneficiada por essa acumulação foi São Paulo, principal centro de abastecimento daqueles pontos longínquos do território. Em São Paulo, esse capital foi empregado na formação e venda de tropas de mulas que, a partir do sul, ocuparam e integraram as populações das regiões do Centro-Oeste e Sudoeste. Formou-se com isso uma rede de abastecimento ativa e eficiente que terá efeitos geopolíticos interessantes, conforme veremos mais adiante (e é provável que ainda esteja em processo nos dias de hoje).

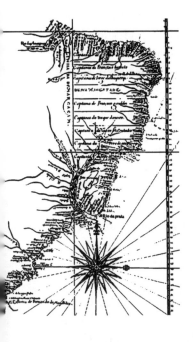

A evolução da organização política

Para entender como caminhou a relação entre metrópole portuguesa e sua colônia brasileira, é preciso recuar no tempo e verificar a evolução política e social de Portugal até a época dos Descobrimentos.

A integração ao Império Romano dos povos que então habitavam a península ibérica (os romanos chegaram à península por volta do século v a.e.c. e a conquistaram totalmente por volta de 25 a.e.c.) fez com que eles tivessem contato com a noção de um Estado organizado política e administrativamente, incluindo as regras do Direito romano. Na região, os romanos construíram cidades, estradas, aquedutos, arenas, templos, além de, com o latim, influenciar o desenvolvimento das línguas locais. (Foram os romanos que deram o nome de *lusitanos* aos habitantes que ocupavam o centro-norte da península.) Porém, as invasões

96 HISTÓRIA DO BRASIL COLÔNIA

bárbaras do século IV e.c. destruíram Roma como sede desta organização, ficando na região dos *lusitanos* apenas um simulacro do poder local nas *câmaras municipais* controladas pelos personagens mais ricos que lá viviam.

Os bárbaros visigodos, que se estabeleceram na península a partir de 416 (incluindo a região do futuro Portugal), se organizaram em diversos reinos governados por reis que dividiam a administração de seus domínios entre os seus guerreiros mais destacados, que passaram a formar a *nobreza*. Esses guerreiros (*nobres*), que recebiam áreas de terras (que incluíam campos, florestas e vilarejos) chamadas *feudos*, deviam governá-las e utilizar seus recursos para pagar alguns tributos ao rei. Eles também deveriam fornecer soldados ao rei quando solicitados.

Depois que adotaram o cristianismo, os visigodos influíram na hierarquia social, na cultura e na língua local da península, que recebeu a contribuição de nomes e termos visigodos, além de um contingente demográfico que se misturou com os ibero-romanos.

Mas a grande movimentação de povos do fim da Antiguidade e começo da Idade Média não estava terminada. Dois séculos depois, era a vez da expansão islâmica, iniciada logo após a morte de Maomé. Do centro inicial na Arábia, surgiu a Cruzada Islâmica (ou Muçulmana) visando conquistar terras e propagar a nova religião pela força, começando pelo Oriente Médio (atuais Síria, Palestina, Irã, Iraque), Egito e outros reinos norte-africanos. A competição entre as muitas facções religiosas islâmicas como, por exemplo, a dos *xiitas* e dos *sunitas*, provocou guerras infindáveis. Por volta de 700 e.c., um príncipe de Bagdá foi derrotado e fugiu para o norte da África. Ali, organizou um exército de mouros (povo berbere norte-africano) com o qual iniciou a invasão do reino visigótico da Espanha em 711 (que incluía a região de Portugal). A partir daí, a conquista muçulmana de boa parte da península ibérica foi rápida (a expansão árabe só foi detida pela resistência dos reinos bárbaros estabelecidos na região que hoje conhecemos como França, antiga Gália, em batalhas nos montes Pirineus). Essa conquista (feita a partir do sul) mudou um pouco a estrutura política básica acrescentando, nas áreas dominadas pelos árabes, alguns elementos administrativos como, por exemplo, o *almoxarife*, encarregado de administrar os bens do chefe mouro como um funcionário da Fazenda. (Os estudos sobre este período não estabelecem paralelos claros entre o feudalismo visigótico e o mouro). A dominação árabe

A EVOLUÇÃO DA ORGANIZAÇÃO POLÍTICA **97**

na região do que mais tarde seria Espanha e Portugal, após a fase sangrenta do início da dominação, evoluiu para uma política de tolerância para com os cristãos e judeus que não se submetiam à conversão, mas que deviam pagar uma taxa especial para poder continuar a prestigiar sua religião. O território chegou a ser governado por algumas dinastias muçulmanas esclarecidas que construíram ou aumentaram velhas cidades com monumentos de grande beleza arquitetônica de estilo chamado "moçárabe". A relativa liberdade de pensamento em vigor permitiu a recuperação de textos latinos e gregos e a introdução de elementos científicos de origem árabe (como a álgebra, a alquimia e avanços na astronomia). Os judeus, perseguidos no resto da Europa, tiveram na península ibérica liberdade de praticar sua religião e costumes e se destacaram no estudo da medicina e da filosofia grega. (A dominação árabe deixaria uma herança importante para a cultura hispânica e portuguesa, tendo recuperado parte do legado da Antiguidade ao qual acrescentou elementos novos, inclusive nos costumes, na língua, nas técnicas artesanais.)

Porém, o período de "estabilidade" da dominação árabe sofreu a resistência incessante dos cristãos a partir da sua base na região das Astúrias. (No norte da península, os reinos cristãos – de Leão, Galícia e Castela – que sobreviveram à invasão muçulmana faziam incursões nos territórios mais ao sul, dominados pelos islâmicos.) O avanço em direção ao sul (em um processo que seria chamado de Reconquista) foi encorajado pelos papas que rotularam a luta contra os mouros de "Cruzada contra o Islã", o que levou muitos membros de famílias importantes da Europa, como, por exemplo, nobres da Borgonha (o reino dos bárbaros burgúndios no oeste da França), a lutarem na península. Henrique, conde da Borgonha, foi um dos que ajudaram o rei de Leão a expulsar os mouros e, por isso, recebeu para governar o condado Portucalense (um território em torno da cidade de Guimarães). Seu filho e herdeiro, Afonso Henriques, tomou posse do condado Portucalense no ano de 1127 e consolidou seu poder na região até que seus domínios passaram a ser chamados de reino de Portugal, depois que o condado Portucalense tornou-se independente do reino de Leão. Afonso Henriques intitulou-se então "rei dos portugueses"; ao morrer (em 1139), Portugal já era um Estado consolidado. A partir de então, Portugal seria governado por reis herdeiros da Casa de Borgonha, auxiliados por alguns altos funcionários (escolhidos entre os nobres) encarregados dos assuntos da Fazenda, da Justiça e da Guerra.

98   HISTÓRIA DO BRASIL COLÔNIA

O feudalismo português era, como no restante da Europa, baseado na divisão do reino de Portugal em feudos governados por senhores nobres que combatiam os mouros e outros inimigos sob o comando do rei. Mas, diferentemente de outros locais, os soldados eram recrutados entre as pessoas do povo; eram, portanto, artífices, camponeses livres, comerciantes, pescadores etc. arregimentados nos vilarejos administrados pelas câmaras municipais. Por causa disso, desde o início da formação do reino de Portugal, os soberanos foram obrigados a fazer concessões à câmara de cada uma de suas vilas. Essas concessões, na verdade, significavam submeter-se a um conjunto de normas (registrado em um documento, o *foral*) que regulavam a relação entre o soberano e os moradores da vila (definiam, por exemplo, os tributos devidos ao rei e os direitos dos habitantes). Na prática, os forais acabavam limitando o poder da nobreza feudal sobre a população; os nobres não podiam privá-la de sua liberdade e dos direitos adquiridos das mãos do rei. Mesmo nas vilas pertencentes a feudos, os habitantes gozavam de bastante liberdade pessoal (em comparação com outras partes da Europa), em contrapartida, recebiam em geral pouca atenção de seus senhores.

A necessidade de aceitar a liderança permanente do rei nas lutas contra os mouros impedia que a nobreza portuguesa gozasse da mesma independência que os nobres tinham, por exemplo, na França ou na Inglaterra. Assim, em Portugal, a nobreza acabava sendo obrigada a viver por longos períodos na corte do rei, que a compensava com privilégios, posições e pensões. Acostumados a longas ausências de suas propriedades, vivendo na dependência dos favores reais, os nobres colocavam sua força e energia à disposição da realeza. (É por isso que, no século XV, haveria em Portugal um grande contingente de nobres semidesocupados prontos a embarcar nas expedições pela costa africana ou a lutar em terras e "mares nunca dantes navegados", como se dizia.)

A Igreja Católica também exercia um papel importante no reino por meio dos seus bispos, padres e frades de ordens religiosas (como a Beneditina, a Franciscana, entre outras). A mais importante entre elas era a Ordem de Cristo, nome adotado pelos remanescentes da Ordem dos Templários, que, a partir de meados do século XIV, havia sido perseguida até a extinção em toda a Europa. Em Portugal, contudo, os religiosos da Ordem de Cristo tinham a proteção da Coroa, como um favor especial pelo empenho dos templários na luta pela expulsão dos mouros (nesta época, esses padres guerreiros receberam também das mãos da Coroa grandes doações em terras e privilégios no Sul do país). A Ordem de Cristo tornou-se a mais rica e poderosa de Portugal; seu regente era sempre um membro da família real. Mais tarde, seus recursos seriam importantes no processo de ampliação dos domínios portugueses; é por isso que na primeira bandeira do Brasil havia uma Cruz de Malta, símbolo dessa ordem.

Voltando ao século XIV, consideremos a questão do poder local, isto é: quem administrava a população no seu cotidiano? Lembrando: o país estava dividido em feudos. E, ao lado deles, havia vilas e cidades, cujos habitantes eram livres. As vilas e as cidades de fora dos feudos eram diretamente governadas por um corpo de cidadãos *notáveis*, dentre os mais ricos da localidade, que compunham a câmara municipal, onde eram chamados de *vereadores*. Anualmente, os vereadores (cinco ou mais) eram sorteados entre os habitantes que tinham condições de possuir armas e pelo menos um cavalo, os chamados *homens bons* (correspondendo a *aristos* em grego, relacionado à palavra *aristocracia*), capazes de atender a uma possível convocação para a guerra. Os vereadores não recebiam pagamento e deviam reunir-se vários domingos por mês para administrar a vila ou cidade. Conforme já foi mencionado, para cooptar a boa vontade desses homens que lideravam os habitantes, os sucessivos reis lhes concediam, em número crescente, direitos estabelecidos pelos *forais* (ou *cartas de privilégios*).

Nos fins da Idade Média, na maior parte da Europa, foram comuns as lutas dos reis para domar as pretensões da nobreza que se esforçava por manter ou aumentar sua autonomia frente aos soberanos. À medida que se desenvolvia o processo de formação do Estado moderno, sob o comando cada vez maior de reis apoiados pelos comerciantes e pela população em geral, surgiram teorias (chamadas "absolutistas") que visavam justificar o direito exclusivo do poder executivo dos monarcas. Essas teorias também afetaram Portugal.

No decorrer das lutas da Reconquista, pela evolução política de Portugal foi coroada com a mudança de dinastia que resultou do fim do domínio da Casa de Borgonha e o início do poder da Casa de Avis. Em 1383, o último rei da Casa de Borgonha, D. Fernando I, faleceu deixando com herdeira sua filha Isabel, que se casou com um príncipe de Aragão, o que alimentou a pretensão dos espanhóis de anexar Portugal. A alta no-

100 HISTÓRIA DO BRASIL COLÔNIA

breza portuguesa apoiou essa pretensão, mas o povo das cidades e vilas não aceitava o domínio espanhol e decidiu apoiar a pretensão ao trono de João, filho bastardo de D. Fernando I, também chamado de Mestre de Avis. Houve, então, diversas lutas até sua vitória. Ao assumir o trono de Portugal, D. João I, com sua esposa inglesa D. Isabel, inaugurou uma era de progresso e transformação no país. O rei e seus sucessores da Casa de Avis dinamizaram o plano de expansão portuguesa, começando por incluir a exploração da costa africana. Nesse processo, distinguiu-se a figura de D. Henrique, filho do rei (chamado de "Navegador" sem nunca ter sido), organizador das expedições que, por ocasião de sua morte em 1460, já haviam atingido a Costa da Mina. Nas décadas seguintes, a exploração portuguesa diminuiu seu ímpeto, mas a descoberta da América em 1492 por Cristóvão Colombo precipitou a expedição de Vasco da Gama para as Índias em 1498. Com a descoberta do Brasil e o estabelecimento de colônias portuguesas na África e na Índia, Portugal foi inundado com as riquezas do Novo e do Velho Mundo.

Temos então no século XVI uma monarquia absolutista que reina sobre uma nobreza domada e um povo submisso. Essa monarquia, usando contratos com comerciantes italianos, flamengos, alemães e ingleses, está pronta a encetar o projeto de consolidação do Império português, no qual o Brasil teria um papel cada vez maior.

A AMÉRICA SOB O DOMÍNIO LUSO

Com relação ao Brasil recém-descoberto, o primeiro passo da Coroa portuguesa foi o envio de expedições (quatro) exploratórias que descreveram e nomearam os principais acidentes geográficos da costa brasileira, chegando ao rio da Prata, já fora dos limites portugueses definidos pelo Tratado de Tordesilhas. Essas expedições registraram as primeiras informações sobre os nativos e os produtos da terra com algum valor comercial: macacos, pássaros, penas, peles e madeiras preciosas, inclusive o pau-brasil. (Para terem uma ideia dos produtos que inicialmente interessaram os europeus, os historiadores têm que recorrer aos registros de um barco francês, a nau Bretoa, pois a documentação dos navios portugueses existente na Alfândega de Lisboa perdeu-se com o terremoto e o incêndio ocorridos em 1755.)

A EVOLUÇÃO DA ORGANIZAÇÃO POLÍTICA 101

Na segunda expedição portuguesa, tomou parte o italiano Américo Vespúcio que, após retornar à Europa, publicou um relato de sua viagem com informações interessantes sobre os índios brasileiros e um esboço de um mapa da nova descoberta, que fez um grande sucesso entre os europeus. O geógrafo De Bry confeccionou o primeiro mapa do Brasil com base no esboço citado e, para homenagear o autor da descrição, deu o nome de *América* ao Novo Mundo (Colombo ficaria um tanto esquecido até o início do século XIX, quando, por ocasião da independência das colônias espanholas, uma região ao norte da América do Sul adotou o nome de Colômbia).

Como vimos, a descoberta do Brasil não gerou de início muito interesse em ocupá-lo de forma permanente. As expedições autorizadas nessa época seguiam apenas duas diretrizes: explorar a terra em busca de riquezas imediatas e combater os navios de outras nações. As tentativas de estabelecimento foram poucas, esparsas e realizadas a custa da iniciativa privada.

Contudo, a constatação do movimento crescente de barcos franceses na costa brasileira evidenciou a concorrência acirrada da França, que não aceitava a bula papal que dividia o Novo Mundo entre espanhóis e portugueses. A propósito, o rei da França, Henrique II, teria comentado que, como prova, queria ver o testamento de Adão instituindo essa divisão! Diante das ameaças estrangeiras, o rei português convenceu-se da necessidade de incentivar estabelecimentos coloniais que garantissem a posse portuguesa do Brasil.

Como os produtos valiosos sob o ponto de vista europeu eram obtidos por meio da coleta na floresta, a Coroa primeiramente resolveu criar no Brasil *feitorias* (semelhante às criadas na África para troca de produtos europeus por escravos e ouro). Feitoria era uma espécie de grande armazém fortificado com a função de desencorajar o ataque de piratas, concedido por contrato a um comerciante rico que podia explorá-lo em troca de uma quantia predeterminada. A primeira feitoria foi concedida em 1501 a um comerciante importante chamado Fernando de Noronha, que também recebeu para explorar a ilha que depois teria seu nome. Contudo, devido à distância do continente e à insuficiência de produtos e índios que os trouxessem até ela, a feitoria de Noronha fracassou.

No início da década de 1530, a Coroa optou por um novo sistema, o de capitanias hereditárias. A expedição de 1531 de Martim Afonso de Sousa e Pero de Sousa no comando de 400 homens pode ser considerada o primeiro esforço de instalação oficial de portugueses no país. Em Pernambuco, essa expedição chegou a combater e destruir três naus francesas, mandando os prisioneiros para Portugal.

Martim Afonso de Sousa também fundou uma povoação (depois elevada à vila), na localidade de São Vicente (no litoral do atual estado de São Paulo), onde já viviam alguns portugueses que, antes da chegada do donatário, produziam artigos de subsistência e suprimentos para as frotas espanholas que partiam em direção sul. Para os que retornavam à Europa, vendiam índios como escravos.

A vila de São Vicente foi organizada seguindo as determinações régias e as Ordenações do Reino. Dessa maneira, foi instalada na vila uma câmara municipal encarregada da administração local. Por bastante tempo, essa instituição foi a maior autoridade no que se refere ao cumprimento das leis e ao estabelecimento da ordem na capitania onde se distribuíam as sesmarias para os novos colonos. Nessas sesmarias, foram instalados os engenhos de açúcar dos irmãos Pedro e Luís Gois, o dos Adorno, o de Johan Van Hilst e o de Erasmo Schetz.

Além da capitania dos pioneiros Martim Afonso e Pero de Sousa, foram criadas no território brasileiro outras capitanias hereditárias. Nessa época inicial, a Coroa cobrava dos donatários os impostos do *quinto* dos produtos qualificados como *monopólio régio* e do *dízimo* (encaminhado para a Igreja, que, de acordo com a chamada Lei do Padroado em vigor, devia ser sustentada pela monarquia).

Ainda com relação às capitanias, para agradar os donatários, a lei portuguesa chamada Lei Mental de Portugal, que proibia a sucessão de mulheres, bastardos e colaterais, foi revogada no Brasil.

Ao retornar a Portugal (de onde sairia para governar a Índia), Martim Afonso deixou em seu lugar, no controle da capitania de São Vicente, sua mulher, Ana Pimentel. Logo a capitania passou a ser atacada por piratas ingleses que saquearam a vila de São Vicente e os engenhos de açúcar da região. Índios também se revoltavam, culminando no levante dos contrários aos tupis de Tibiriçá, João Ramalho e aos jesuítas, entre 1560 e 1562.

A EVOLUÇÃO DA ORGANIZAÇÃO POLÍTICA *103*

Essa capitania também sofreu ataques dos tupinambás da serra do Mar e do Rio de Janeiro, insuflados pelos franceses chefiados por Villegaignon, que pretendia instalar no Brasil a *colônia da França Antártica*. Os ataques franceses e tamoios cessaram após a intervenção mediadora dos jesuítas Manoel da Nóbrega e José de Anchieta e a militar da tropa enviada da Bahia pelo governador-geral Mem de Sá.

Esses fatos evidenciaram a inadequação da defesa que vilas como São Vicente e São Paulo poderiam oferecer em situações de crise mais graves. Para garantir maior segurança, D. Ana Pimentel nomeou um *capitão-mor* encarregado de chefiar a defesa da capitania com a convocação dos moradores de tribos indígenas amigas. Esse capitão, Jorge Correia, foi o primeiro funcionário nomeado por um donatário que procurava suprir a fragilidade do poder local.

*

De todas as capitanias criadas no Brasil, apenas duas se mostraram bem-sucedidas, a de São Vicente e a de Pernambuco. A Coroa, preocupada com o fracasso e até abandono da maioria das capitanias, nomeou em 1548, para governar toda a colônia, um administrador com amplos poderes, intitulado *governador-geral*. O primeiro deles foi Tomé de Sousa. A *administração geral* foi instalada na capitania da Bahia (depois que a Coroa indenizou o seu donatário), com sede na *cidade* de São Salvador (porque a sede de um *governo régio* e de um *bispado* não podia ser uma *vila*, de grau administrativo inferior; então Salvador tornou-se *cidade*). O governador-geral chegou acompanhado de um contingente militar, do *provedor da Fazenda* (para questões financeiras), do *ouvidor-geral* (encarregado da justiça) e de algumas centenas de colonos. A cidade de Salvador foi loteada para instalação de moradores. Também passou a ter armazéns construídos para a alfândega, uma igreja e equipamentos próprios para a defesa. O governador instalou-se na estratégica baía de São Salvador onde construiu fortificações, a Casa dos Governadores, a Câmara Municipal, uma cadeia, o colégio dos padres jesuítas, a sede do bispado, a Casa dos Contos e a alfândega.

Mas, para além dos funcionários da Coroa, o elemento mais importante para o controle da população e a cooptação dos índios foi o grupo dos jesuítas, padres da recém-criada Companhia de Jesus que vieram para a América com o objetivo de conquistar almas para a Igreja nos impérios português e espa-

104 HISTÓRIA DO BRASIL COLÔNIA

nhol. Os padres dessa ordem, que chegou acompanhando o governador-geral, tinham um nível intelectual superior à média dos religiosos da época, e sua organização, planejamento e disciplina logo os destacaram como os primeiros catequistas modernos. De fato, antes da sua chegada praticamente não havia religiosos na colônia e, quando existiam, revelavam qualificação duvidosa e, por vezes, até perigosa. Um exemplo foi citado pelo ouvidor Pero Borges, que, em visita de inspeção nas capitanias do sul, encontrou um padre que pregava que "não existia pecado ao sul do Equador". Esses elementos da Igreja, ao se instalar no Brasil, seguiam o exemplo de portugueses que se integravam nos costumes indígenas, vivendo nus e pintados, usufruindo de muitas mulheres e participando de festins antropofágicos.

Ficou claro para os jesuítas e os funcionários da Coroa mais responsáveis que existia na colônia uma tendência centrífuga: elementos que, aqui, eram atraídos pelos costumes nativos, se afastavam dos costumes europeus. Eles precisavam ser chamados de volta, por medidas como obrigações religiosas, políticas e culturais.

Enquanto os jesuítas catequizavam os índios e tentavam domar espiritualmente os colonos, os funcionários reais procuravam fazer sua parte, cuidando especialmente de garantir os interesses da Coroa. Os *provedores* fiscalizavam a cobrança e destinação dos impostos e pagamentos e os *ouvidores* julgavam as causas em segunda instância no caso de crises graves. Com relação às leis portuguesas, a ignorância era generalizada e uma das tarefas dos ouvidores era divulgá-las entre os que deviam aplicá-las. Numa das primeiras visitas de inspeção à Câmara Municipal de São Paulo, em meados do século XVII, o ouvidor descobriu que o órgão não possuía nem mesmo um exemplar das Ordenações. Severamente advertidos, os vereadores providenciaram a encomenda de um exemplar que, a partir de então, ficava guardado em um cofre para não desaparecer.

Contudo, até o século XVIII, eram raríssimas no interior da colônia as inspeções dos funcionários régios, vindos do Rio de Janeiro e da Bahia. Assim, o povoamento da colônia portuguesa na América continuou de forma desordenada e aleatória, com base, sobretudo, em qualidades e deficiências dos povoadores em cada local.

Apesar de não ser verdade comprovada que a maioria dos primeiros colonos era formada por degredados, não faltavam aventureiros e

A EVOLUÇÃO DA ORGANIZAÇÃO POLÍTICA 105

fugitivos que se instalavam na colônia e acabavam provocando desordens e levantes contra as autoridades locais, os funcionários da Coroa e os habitantes em geral, ou aproveitavam a oportunidade e se tornavam pessoas úteis e produtivas.

De um modo ou de outro, a população de colonos crescia lentamente. Por isso, só com a descoberta do ouro e a consequente corrida pelo metal precioso é que houve a necessidade de se instalar na colônia os primeiros *juízes de fora*, assim chamados porque eram bacharéis formados em Coimbra, nomeados pelo rei para fiscalizar a aplicação das leis no Brasil.

Podemos então dizer que, até o século XVIII, o quadro dos burocratas régios atuando no Brasil era pequeno, formado por: governador, provedores, ouvidores, juízes e comandantes militares das fortalezas. Assim, o poder de fato era o poder *local*, exercido pelos *homens bons* (proprietários de terra e com recursos para possuir cavalos), os únicos que podiam ser vereadores.

Desde o início da colonização, o sistema de povoamento por meio de sesmarias doadas pelos donatários, cujo poder era concedido pela autoridade régia, revelou problemas de excesso de autoridade privada na falta de uma administração legal e organizada local. Em geral, os colonos resistiam a qualquer limite ao seu individualismo violento e caprichoso. Era de se imaginar que isso ocorreria, posto que, em sua maioria, os primeiros colonos eram aventureiros atrás de fortuna fácil; não a encontraram no Brasil, mas, por outro lado, se depararam com um povo basicamente pacífico (quando não provocado) com mulheres nuas que, pelos costumes locais, quando solteiras, tinham ampla liberdade sexual. Quando queriam ter as mesmas liberdades com mulheres casadas, porém, causavam problemas.

Mesmo desejando uma submissão maior de seus súditos, a instalação de uma administração metropolitana bem preparada e mais poderosa na Colônia custaria muito caro à Coroa e, no limite, diminuiria os lucros da metrópole. Além disso, era notória a inexistência de quadros em Portugal em quantidade, qualificados e dispostos para essa tarefa.

Do ponto de vista da metrópole, com relação ao Brasil existiu um paradoxo interessante: antes de criar um governo local, era preciso criar um povo que pagasse impostos para o Estado! Daí a política pragmática dos portugueses no que se referia à tolerância à prática disseminada da miscigenação de colonos brancos com as índias e as negras submetidas. Isso já não ocorreu

106 HISTÓRIA DO BRASIL COLÔNIA

com os colonizadores da África, da Ásia e até de outras partes da América, que encontraram povos prontos e abundantes capazes de proporcionar lucro imediato aos conquistadores e pagar impostos volumosos aos reis.

O DOMÍNIO HOLANDÊS

A criação do governo-geral, com a chegada de Tomé de Sousa à Bahia, havia sido um passo importante para a organização legal, administrativa e social da colônia sob o controle da Coroa. Os padres da Companhia de Jesus que o acompanharam revelaram-se grandes colaboradores na questão da pacificação indígena e também, em certa medida, na disciplina dos colonos. Depois de receber reforços de noviços, os jesuítas partiram para o sul, fundando missões em vários pontos do litoral e participando de lutas contra os franceses de Villegaignon e os levantes indígenas da Bahia e de São Paulo.

A hierarquia da Igreja Católica também se fez presente desde a chegada, em 1565, do tão esperado primeiro bispo do Brasil, D. Pero Fernandes Sardinha, embora o próprio tenha desapontado as autoridades locais. (Ele não se considerava bispo dos índios, só dos colonos, e não compreendia o sistema inovador de catequese que acertava confissões através de intérpretes e tolerava a nudez dos índios para não espantá-los num primeiro momento. D. Pero Fernandes Sardinha acabaria sendo vítima de um naufrágio na costa de Alagoas, em que os sobreviventes terminaram massacrados pelos índios caetés. Acusados de terem devorado o bispo, esses índios passaram a ser combatidos naquela que foi a primeira *guerra justa* ocorrida na colônia.)

A atuação do ouvidor-geral Pero Borges no combate aos abusos dos colonos, na organização da justiça e no estabelecimento da ordem, apesar do curto alcance, também foi importante. Ao fiscalizar os encarregados da administração da Justiça em todos os níveis, Pero Borges constatou um excesso de funcionários incompetentes nomeados pelos donatários. (Em lugares de 200 habitantes podia haver 40 notários!) Esse problema era recorrente com relação a inúmeros outros cargos criados pelos donatários, com certeza, em troca de favores e apoios. Como não se tratava de funções pagas pela Coroa, acreditamos que as pessoas que ocupavam esses cargos acabavam beneficiadas pelo sistema que lhes outorgava os *privilégios de nobreza* (e muitas delas precisavam bastante disso, porque, na investigação, descobriu-se que se tratava de gente sujeita aos impedimentos estabelecidos pelas leis portuguesas – por exemplo, degredados, condenados a alguma pena, mestiços, bastardos etc.). Com o governo-geral, o problema do excesso de funcionários foi parcialmente resolvido, porque a autoridade acabou concentrada no governador-geral da Bahia. Talvez o legado mais importante da atuação de Pero Borges tenha sido a adaptação que fez das Ordenações (criadas para o reino em outra época e situação totalmente diferente) para a realidade colonial.

O tamanho do Brasil fez com que por duas vezes a Coroa experimentasse dividir o governo-geral em duas partes: desde a Bahia até Belém, com sede em São Luís (depois em Belém), e a parte restante ao sul, com sede no Rio de Janeiro. Essa divisão fracassou, porque a colaboração entre as duas autoridades era difícil em razão da distância e dos problemas de navegação resultantes das correntes e ventos desfavoráveis em certas épocas do ano.

Enfim, a Coroa portuguesa procurava acertar a administração colonial quando uma tragédia abalou a monarquia: o rei português D. Sebastião, que queria conquistar o Norte da África, acabou derrotado em agosto de 1578 na Batalha de Alcácer Quibir, onde desapareceu. Seu herdeiro mais próximo era seu tio, o cardeal D. Henrique, então com 80 anos, que faleceu dois anos depois sem deixar filhos. Candidatos à sucessão do trono português, com direitos iguais, restavam seus sobrinhos: o rei Filipe II da Espanha e a duquesa de Bragança. Após longas negociações, o poderoso exército de 25 mil homens de Filipe II e as riquezas originárias do México e do Peru pesaram na balança a seu favor; o rei da Espanha foi então aclamado como "Filipe I, rei de Portugal", em 19 de abril de 1581. Começou, assim, o período da "Dominação Espanhola" que também afetou o Brasil (e só terminaria em 1640, com a "Restauração" de um rei português, D. João IV, duque de Bragança). Durante esse período, como previsto no acordo de aceitação da soberania espanhola, os portugueses mantiveram suas leis, cargos, poderes e moeda própria, e não houve intervenção na organização da Igreja portuguesa (principalmente nas ordens militares de Cristo, de Aviz e de Santiago, que possuíam muitos bens). Contudo, apesar da aparente equidade nos arranjos, na prática Portugal se viu enredado nos problemas do grande

108 HISTÓRIA DO BRASIL COLÔNIA

Império espanhol que então abrangia boa parte da Ásia, da África, das Américas e várias regiões da Europa. No que diz respeito ao Brasil, a Dominação Espanhola acarretou a perda das vantagens obtidas de uma colaboração de longa data entre os portugueses e os holandeses. Os habitantes dos chamados Países Baixos haviam se convertido em grande parte ao protestantismo, enfurecendo Filipe II, defensor fanático do catolicismo, que acabou perdendo a riqueza acumulada pela Coroa espanhola nas cidades holandesas, além das vantagens proporcionadas pelas habilidades dos comerciantes holandeses e suas ligações econômicas estabelecidas em muitos lugares do mundo.

Filipe II proibiu, então, o comércio holandês com o Brasil, cortando o acesso dos holandeses ao açúcar, ao pau-brasil e a outros produtos tropicais brasileiros. Os colonos no Brasil e os comerciantes portugueses, por sua vez, perderam o acesso aos capitais holandeses que os ajudavam a financiar os engenhos de açúcar e o tráfico negreiro.

Diante dessa situação, os holandeses atacaram Salvador em 1625-1626 (acabaram repelidos) e invadiram Pernambuco em 1630, dessa vez, com uma esquadra maior e um exército de alguns milhares de homens; acabaram ocupando a capitania mais rica da colônia.

A administração holandesa no Recife teve altos e baixos, conforme as qualidades e a capacidade dos sucessivos governadores. A cidade atraiu muitos aventureiros e colonos que se apoderaram dos engenhos abandonados pelos derrotados. Ela também ganhou muitas construções feitas segundo o modelo europeu (prédios de vários andares). A ocupação holandesa ainda atraiu para o Brasil muitos judeus (fugidos das perseguições em Portugal) que viviam na Holanda e que buscavam recuperar suas perdas com a guerra dos holandeses com os espanhóis.

A melhor administração do período holandês foi sem dúvida a feita pelo conde Maurício de Nassau, que governou por quatro anos o território holandês no Brasil. Ele foi responsável pela vinda ao Brasil de cientistas como Marcgrave e Piso – que fizeram descrições valiosas da fauna, da flora e da sociedade do Nordeste (que são, ainda hoje, documentos históricos importantíssimos) – e do pintor e gravurista Tomas Eckhout. A originalidade de sua administração e as construções (casas, armazéns e pontes) que Nassau fez na cidade de Recife criaram uma imagem do

A EVOLUÇÃO DA ORGANIZAÇÃO POLÍTICA **109**

período de dominação holandesa muito mitificada por alguns historiadores, que o apresentam como uma época brilhante, de grande desenvolvimento. A verdade é que as realizações de Nassau não ultrapassaram a cidade de Recife, sem nenhuma repercussão no restante da colônia, e que seus sucessores não administraram o território ocupado tão bem quanto ele. De fato, eles adotaram uma política mais predatória na cobrança de impostos que propiciou maior união dos vencidos, aqueles que não se beneficiaram com o domínio holandês, contra os "invasores".

Com isso, alguns senhores de engenho, comerciantes locais, autoridades religiosas e boa parte da população passaram a lutar contra a presença holandesa na região. Nessa luta, a questão religiosa teve um papel importante, pois a ação de missionários protestantes em terras brasileiras incomodou a população local que temia possíveis represálias da Inquisição. A Igreja Católica também não viu com bons olhos as conversões ao protestantismo de algumas tribos indígenas, como a dos janduís do Rio Grande, motivadas pela hostilidade que nutriam contra os portugueses.

As tentativas de estender o domínio holandês para as capitanias vizinhas (Ceará, Maranhão e Paraíba) foram efêmeras. O combate aos "invasores" holandeses foi se concentrando cada vez mais em Recife, de onde eles seriam finalmente expulsos em 1654. Sua saída do Brasil, após a derrota militar, foi incentivada também pela indenização dada a cidades holandesas paga, com enorme sacrifício, por toda colônia (o pagamento foi cobrado em todas as capitanias).

O DOMÍNIO HOLANDÊS NA HISTORIOGRAFIA

Os senhores de engenho representados por João Fernandes Vieira, com a colaboração do índio Antônio Felipe Camarão e do negro Henrique Dias, se uniram em luta contra os invasores, o que criou na produção intelectual posterior a imagem de uma primeira manifestação de nativismo e de uma consciência nacional.

Os livros de História do século XIX e começo do XX descrevem os holandeses como invasores que pretendiam conquistar a colônia e exaltam o patriotismo dos "brasileiros", dando destaque aos feitos de Felipe Camarão e Henrique Dias.

Em um segundo momento, alguns historiadores, alicerçados nos relatos de viagens de cientistas e artistas que acompanharam Maurício de Nassau, passaram a demonstrar certo deslumbramento com o governo do príncipe holandês e começaram a tecer loas ao seu talento, lamentando que não tenha ficado no Brasil ("nosso país poderia ser outro, com ele" – diziam). A tendência de criticar o colonialismo português para atribuir todos os males do Brasil ao azar de perder os supostos "benefícios" da presença holandesa talvez revele certo desconhecimento da história das colônias holandesas...

A produção historiográfica atual parece mais equilibrada, valorizando com justiça a curta (quatro anos) administração de Maurício de Nassau e as obras dos artistas e cientistas como Eckhout, Marcgrave e Piso, mas mantendo uma visão mais crítica sobre suas intenções, que não eram apenas culturais, como sonhavam alguns.

Vista da Cidade Maurícia e Recife, de Frans Post (1657).

No campo dos prejuízos provocados pelo domínio holandês a determinados comerciantes e senhores de engenho, é preciso mencionar a perda (provisória, mas relevante) do principal mercado escravagista de Angola, o que provocou escassez de mão de obra negra no Brasil. E isso, como vimos, acabou sendo responsável pela destruição causada pelo último estágio do bandeirismo paulista de apresamento indígena. A presença dos bandeiran-

A EVOLUÇÃO DA ORGANIZAÇÃO POLÍTICA **111**

tes paulistas no Nordeste também foi aproveitada na campanha implacável feita contra os quilombos de negros fugitivos (que haviam se beneficiado pela anarquia dos sertões e das áreas açucareiras para se rebelar em grande número). O mais famoso desses quilombos foi o de Palmares, só derrotado na década de 1690, com a morte de seu último líder, Zumbi.

*

Quando Portugal retomou o controle do Brasil, a Coroa portuguesa tentou empreender uma grande reforma na administração colonial e criou o título de *vice-rei*, concedido ao governador-geral do chamado "Estado do Brasil", que então abrangia desde o Rio de Janeiro até o Ceará. (Tempos depois, o título de vice-rei passou a ser concedido em geral a membros de alta nobreza portuguesa por serviços prestados à monarquia.) Mas essa ação mostrou-se de pouco efeito; as realizações dos vice-reis se limitaram a reformas urbanas no Rio de Janeiro, para onde a capital foi transferida em 1763. Os governadores das capitanias continuaram com ampla autonomia, dirigindo suas consultas diretamente ao rei em Portugal.

O PODER LOCAL

A colonização do Brasil foi feita de maneira muito diferente da que ocorreu em parte da América do Norte, onde a ocupação inicial se fez com dissidentes religiosos e políticos que formavam comunidades organizadas e buscavam no Novo Mundo a "terra prometida" que lhes daria liberdade de crença, trabalho, mobilidade e prosperidade. Esses grupos eram formados por uma pequena burguesia excluída, em sua terra de origem, de posições de mando e do controle de seu destino. Eram, sobretudo, artífices, pequenos comerciantes e agricultores que viviam uma vida de rigorosa austeridade na moral e nos costumes. Eles se ligavam a diversas denominações religiosas, sendo os *puritanos* os mais influentes (na Inglaterra, os puritanos haviam obtido muitos adeptos, além de atrair, para suas fileiras, franceses huguenotes perseguidos na França pelo rei Luís XIV). Ao se dirigir para colonizar a América, levavam consigo um projeto de trabalho e liberdade (com relação à tirania que a elite da Igreja Anglicana exercia sobre os dissidentes protestantes e os católicos). Os povoados coloniais que estabeleceram – fossem

112 HISTÓRIA DO BRASIL COLÔNIA

os organizados pelos próprios imigrantes (como os que fizeram um pacto no navio Mayflower), por nobres que pretendiam proteger minorias católicas (na colônia de Maryland) ou por idealistas utópicos (como o líder que fundou a Filadélfia, "cidade do amor fraterno") – eram homogêneos e compostos de famílias, bem de acordo com seus planos de sociedade que incluíam liberdade de culto, maior participação no governo, liberdade de trabalho, produção e comércio, acesso a todos à educação etc.

A América inglesa também foi colonizada graças à imigração forçada que crescia conforme a conjuntura política na metrópole: a dos *servos obrigados (indentured servants)*, pessoas condenadas a penas de prisão que eram perdoadas mediante a aceitação da ida para colônia por um prazo predeterminado. Na chegada, era feito um leilão em que o condenado (ou condenada) era entregue ao autor do maior lance para ficar a seu serviço durante certo período. Uma vez livres, essas pessoas podiam seguir diversos destinos: exercer sua profissão, agregar-se (até pelo casamento) à família de seu antigo senhor, ou procurar ocupar terras livres em território indígena (esta foi a matriz para a expansão para o oeste pelos séculos seguintes). Diante dessa tendência para a liberdade, surgiu na colônia inglesa na América do Norte uma cultura de autossuficiência com horror ao controle estatal. (Pouco a pouco, contudo, a Inglaterra começaria um processo de interferência maior na colônia, procurando limitar o poder local, mas era tarde demais: a Independência norte-americana já estava a caminho.)

A diferença do modelo colonial implantado nessa região e o que vigorou no Brasil na mesma época era enorme. Por aqui, desde o início, o Estado português procurou ter um controle absoluto sobre a forma e objetivo sob os quais a sociedade brasileira deveria se constituir. A posição e as obrigações dos indivíduos eram determinadas por uma legislação rígida. Ao contrário da Inglaterra, onde predominava o Direito Consuetudinário (baseado nos costumes e nas decisões dos tribunais e autoridades régias), em Portugal, desde muito, as leis eram codificadas. À imitação da Espanha, em Portugal vigorava o Código Manuelino de 1510 (depois Filipino de 1628). Nesse conjunto de leis, a sociedade portuguesa foi dividida entre *nobres* (ou pessoas com *privilégios de nobreza*) e *peões*. A nobreza era formada por senhores feudais capazes de comandar muitos soldados na defesa do reino. Para fazer parte da nobreza, era preciso submeter-se à *lei da nobreza*, que, entre outras

A EVOLUÇÃO DA ORGANIZAÇÃO POLÍTICA **113**

coisas, exigia: possuir um castelo ou palacete bem mobiliado e aparelhado; ser dono de cavalos (mais tarde, carruagens) e armas; vestir-se luxuosamente (com tecidos de lã, seda, cetim, adamascados, bordados, botas, chapéus emplumados, joias) e, no caso dos homens, portar uma espada; não exercer trabalho manual nem manter comércio "de loja aberta"; ter "sangue puro". Os nobres e assemelhados gozavam do privilégio de, se fossem presos por qualquer motivo, não serem torturados (prática do processo jurídico da época), de não receber penas de açoite e degredo *com baraço e pregão* (o prisioneiro era levado com corda – baraço – no pescoço e um arauto lia a acusação e a pena – pregão), de terem prisão especial e foro privilegiado, com direito de apelar aos tribunais superiores e ao rei. Também só eles podiam andar armados com espadas e usar roupas de luxo enfeitadas com ouro e prata.

Essa legislação, válida para o Reino, passou a valer para todas as partes do Império português. Ela foi inegavelmente um fator de agregação e formação forçada de uma identidade cultural no Brasil, embora, na realidade, a sociedade colonial brasileira tenha desenvolvido táticas de resistência baseadas na cumplicidade geral que apoiava as versões falsas criadas pelos colonos (eram tecidas teias de favores e apoios entre poderosos e indivíduos em processo de ascensão social que resultaram na consolidação do patriarcalismo em nosso país).

O colonialismo britânico na América baseou-se no sistema de concessão de áreas para companhias, nobres, indivíduos ou comunidades que se expunham como tal e que podiam se organizar como quisessem, só apresentando à Coroa as suas cartas de intenções. Essa liberdade de organização proporcionou uma variedade de experiências sociais e microssociedades com regras próprias – coisa impossível no Império português. O individualismo desembocou, em vários lugares da América Inglesa, nas tendências democráticas de participação de todos os homens livres no governo. É preciso lembrar que o exercício dos direitos políticos pressupunha a difusão da alfabetização geral (a colônia de Massachusetts, por exemplo, especificou na sua carta de fundação, redigida ainda no navio Mayflower, que para cada núcleo de cem famílias deveria existir um professor). Assim, a identidade cultural ali se fez com a partilha espontânea de valores e interesses.

Outra diferença diz respeito à questão religiosa. Enquanto os ingleses lidaram com a diversidade de crentes exportando os dissidentes da Igreja

114 HISTÓRIA DO BRASIL COLÔNIA

oficial para suas colônias (onde muitos puderam realizar experiências sociais, sendo algumas bem-sucedidas), os portugueses alimentaram (no reino e nas colônias) um apêndice da Igreja Católica, a Inquisição, que perseguia os que pensavam e agiam em desacordo com os dogmas católicos. Além disso, a Igreja interferia bastante na legislação portuguesa criando dificuldades políticas e econômicas para determinados segmentos da sociedade. A partir de 1497, quando o rei português D. Manoel se casou com uma filha dos reis espanhóis, Portugal passou a seguir a política espanhola e obedecer aos ditames do Tribunal do Santo Ofício. Com isso, judeus e mouros que viviam em Portugal passaram a ser considerados de "sangue impuro" e foram forçados a se converter ao cristianismo ou a abandonar o país. Até então, ambos haviam podido seguir sua religião e seus costumes, com os mouros ocupando posições inferiores na sociedade portuguesa (como artífices ou agricultores) e os judeus ocupando posições das mais variadas e atuando em vários campos, como comerciantes, médicos, filósofos, professores, artistas etc. Na nova conjuntura, sob o peso da Inquisição, mesmo os convertidos (os *cristãos-novos*) sofriam discriminações. Assim, judeus convertidos e seus descendentes até a 6ª geração foram excluídos dos cargos militares (em 1588), cargos municipais (1611), da magistratura (1609-1636), dos estudos universitários (1605), das ordens religiosas (1550), das irmandades e confrarias, como a Misericórdia (1618), e das ordens militares (1620). Com leis como essas, os cristãos-novos acabaram, na prática, equiparados aos judeus não convertidos, sofrendo as mesmas penalidades de exclusão. Assim, os nobres portugueses (por nascimento) e os que tinham privilégios de nobreza (vantagens concedidas por serviços prestados à Coroa) conseguiram se livrar da formação de uma burguesia cada vez mais rica e culta e se manter por muito tempo no topo da escala social. Com isso, Portugal perdeu muitas pessoas de talento que detinham conhecimentos – científicos, comerciais, administrativos – importantes e/ou pensavam conforme o espírito capitalista de valorização do trabalho, da austeridade e da acumulação de dinheiro a ser aplicado em empreendimentos lucrativos e progressistas.

Diante da situação desfavorável em Portugal, muitos judeus e cristãos-novos fugiram também para o Brasil. No Brasil, para ser considerado *homem bom* e poder participar das câmaras municipais e com isso exercer o poder local, era preciso ser *vizinho* (morador permanente na vila e casado) e não ser judeu, mouro, negro, mulato ou fazer parte "de qualquer nação infecta". Assim, longe da metrópole, os judeus e os cristãos-novos esforçaram-se para não chamar a atenção para seu passado, procurando "desaparecer" na população, passar incólumes, inclusive com casamentos com *cristãos-velhos,* para poderem viver em paz, exercer atividades econômicas e até participar de algum modo da política local. (Ainda não se descobriu um método seguro para saber o número dos que emigraram para o Brasil nessas condições. Há hipóteses, baseadas nos sobrenomes ou em certos hábitos do cotidiano, de que tenham vindo em grande quantidade, mas pesquisas recentes têm uma posição cética quanto à adoção desses critérios.) Como o Tribunal do Santo Ofício não chegou a ser instalado aqui, sendo que só duas visitas de investigadores (feitas no início do século XVII) estão documentadas, deduzimos que o número dos que chegaram a receber punições no Brasil foi relativamente pequeno. Os que foram acusados de infrações graves acabaram mandados para Portugal, onde sofreram as penas da condenação. Não houve nenhum *auto da fé* (execução por meio de fogueira em praça pública) no Brasil, diferentemente do Peru e do México, onde essa prática foi relativamente comum.

No Brasil, o policiamento dos judaizantes, dos heréticos e dos praticantes de condutas condenáveis ficou por conta do clero local e da opinião pública, geralmente muito movida por fofocas, ciúmes, competições comerciais e políticas (para prejudicar um desafeto ou tirar um competidor do caminho, muitos recorriam a denúncias ou calúnias). As "ascendências perigosas", por exemplo, eram invocadas sempre que alguém reivindicava uma posição social considerada privilégio da nobreza, como poder dirigir mesas administrativas de irmandades ricas ou obter patentes de forças militares de segunda linha, como as Ordenanças (para defesa local) e Milícias ou Auxiliares (para lutar em toda a capitania).

Para o caso brasileiro, é um pouco estranha a permanência e resistência de leis que faziam mais sentido na sociedade portuguesa desde o fim da Idade Média até o século XVIII. A não ser poucos casos esporádicos (alguns por um curto período), *nobres de sangue* não vieram para o Brasil. Então, quem eram no Brasil os homens bons? Eram comerciantes enriquecidos (que acabavam aceitos) e, naturalmente, os senhores de engenho e demais proprietários de terra, além de letrados e universitários (que estudaram em Portugal) que lu-

116 HISTÓRIA DO BRASIL COLÔNIA

tariam para se igualar em termos políticos aos ricos proprietários de terras. Foi uma luta insistente e teimosa, feita com petições e pressões políticas e, em alguns casos, até conflitos militares, conforme veremos adiante.

Nas vilas e cidades brasileiras da época colonial, periodicamente era feito o *rol da nobreza*, um levantamento de *vizinhos* de cada localidade que possuíam bens que lhes permitiam "tratar-se nobremente" e que se enquadravam nas condições étnico-religiosas já mencionadas. Feito isso, cada um dos nomes era colocado em uma bola de madeira chamada pelouro; os pelouros ficavam guardados em um cofre na Câmara Municipal. Todos os anos, por volta do Natal, pela mão de uma criança pequena era realizado um sorteio dos pelouros, que definia quem seriam os vereadores daquele período. Cabia aos vereadores decidir questões administrativas como a limpeza e conserto de ruas e edifícios públicos, manter a ordem pública, julgar crimes, cobrar os impostos em primeira instância (inclusive criando taxas novas para fins ocasionais), organizar a defesa da vila ou cidade, punir publicamente escravos fugidos e fazer cumprir as determinações régias. Durante o ano de exercício, os vereadores não pagavam impostos e tinham suas ordens obedecidas à risca, já que eles também eram, via de regra, oficiais de Ordenança, Milícias e Auxiliares, ou seja, tinham soldados sob seu comando com grande poder de intimidação.

Como eram ricos e poderosos, os homens bons tinham facilidade de conseguir alianças matrimoniais vantajosas (preferiam os parentes para evitar a divisão de bens). Formaram-se, assim, no Brasil clãs oligárquicos com grande poder local e também junto às autoridades metropolitanas que atuavam na colônia. Esses clãs contavam com o apoio dos seus *agregados e moradores de favor* (pessoas pobres sem condições de obter terras que tinham licença para se estabelecer nos limites das grandes propriedades e lá plantar e criar animais para subsistência; em contrapartida, faziam alguns trabalhos para o proprietário e o acudiam nas lutas contra índios, escravos aquilombados, bandidos e inimigos políticos).

Como consequência desse quadro, houve uma hipertrofia do poder local frente à autoridade metropolitana, ou central, escassa e frágil frente aos exércitos particulares dos ricos da colônia. Os costumes e as leis mencionados criaram também uma cultura patrimonialista em que os grandes senhores de terras, que apadrinhavam parentes e dependentes, se julgavam

A EVOLUÇÃO DA ORGANIZAÇÃO POLÍTICA *117*

todo-poderosos e, por vezes, se envolviam em guerras particulares que podiam durar séculos (algumas ultrapassaram o período colonial!). Para o senhor, apenas a riqueza particular e o poder individual e familiar eram importantes, e tinham que ser protegidos a qualquer custo.

Os peões, os agregados e mesmo os pobres locais podiam ser expulsos a qualquer momento do lugar em que viviam, sem indenização por plantações, criações ou melhorias feitas por suas próprias mãos. Com isso, a cultura popular não identificava motivações para aumentar a produção ou desenvolver produtos e tecnologias novas, uma vez que tudo pertencia ao senhor das terras ou poderia, de um momento para outro, ser tomado ou destruído por ele. Sua única esperança consistia na humilhação de uma obediência cega a um senhor todo-poderoso, que podia ser bondoso e generoso, amparando o subordinado em situação difícil, mas que, em geral, era exigente e caprichoso nas suas cobranças. Quando os pobres não se conformavam, só lhes restava a revolta transformada em vingança pessoal, que podia incluir o assassinato do senhor ou de seus familiares.

No Brasil Colônia, criou-se assim uma duradoura desconfiança da população com relação aos poderes públicos (que desencorajou a busca de soluções coletivas), além de um temor permanente por parte das camadas dominantes da possibilidade de mobilização dos pobres contra elas.

Em geral, os colonos no Brasil não tinham um projeto baseado no ideal de uma sociedade terrena igualitária e justa. O comportamento de pouco interesse pelo bem comum (especialmente da parte dos que governavam a sociedade, para a qual não julgavam ter obrigações) foi criticado pelo padre Simão de Vasconcelos em 1688:

> De onde nasce que nenhum homem nesta terra é república [significa que não se preocupa com o bem comum], nem vale ou trata do bem comum, senão cada um do bem particular. Pois o que é fontes, pontes, caminhos e outras cousas públicas, é uma piedade, porque atendo-se uns aos outros, nenhum as faz, ainda que bebam água suja, e se molhem ao passar os rios e se orvalhem ao passar os caminhos. (Padre Simão de Vasconcelos, *Notícias curiosas e necessárias das cousas do Brasil*, s. d.)

118 HISTÓRIA DO BRASIL COLÔNIA

A largueza da hospitalidade rural, indispensável pela falta de instalações adequadas para os viajantes, era um elemento a mais para o prestígio e força do proprietário de terras. Era também outra forma de *ostentar,* uma das qualidades estimadas pelo sentido aristocrático da vida: a capacidade de dar e até de desperdiçar. Assim, desde os primeiros cronistas até os viajantes estrangeiros que visitaram o Brasil no início do século XIX, os testemunhos ressaltavam o individualismo patriarcal generoso e ostentoso para com os visitantes isolados, mas nenhum interesse pelo bem comum; ruas e serviços públicos eram inexistentes ou muito precários.

O modelo de sociedade que descrevemos aqui nesta parte do livro é baseado nos engenhos monocultores do Nordeste, mas ele se repetia por todo o Brasil, com adaptações às situações e aos modos de produção locais.

No caso da pecuária do sertão, os escravos eram poucos devido ao seu alto preço. Portanto, predominava o sistema de trabalho livre de vaqueiros, que recebiam como pagamento uma porcentagem do rebanho sobrevivente dos ataques de animais, índios e ladrões. Mas a distância social que separava os grandes criadores (que tinham privilégios de nobreza) do restante da população era a mesma da sociedade açucareira. Apenas o estilo de vida rústico e solitário e a necessidade de se protegerem mutuamente criavam uma aparente proximidade entre proprietários e vaqueiros.

A sociedade bandeirante, por sua vez, não produzia artigos para o mercado externo. Sua economia se centrava na produção de subsistência, cujo pequeno excedente (doces, farinha de mandioca e algum trigo) era vendido e enviado para áreas próximas, como o Rio de Janeiro e Buenos Aires. Seu verdadeiro lucro vinha da captura e venda de índios escravizados para outras capitanias. Nas pequenas lavouras locais e no transporte de cargas para o mar, os índios eram usados como força de trabalho. Eles também faziam parte da força militar contra as tribos hostis e os piratas. A menção a esse fato foi usada pelos bandeirantes para obter qualificação nobilitante; ao se designarem como "homens de muitos arcos", justificavam que deveriam ser tratados como "os principais da terra", descendentes dos primeiros povoadores que haviam se unido com as filhas de chefes indígenas. Essa autoqualificação revelou-se um constrangimento quando se foi divulgado melhor o modelo previsto nas Ordenações que poderia classificá-los como "mestiços indígenas". De todo modo, a verdade é que, no cotidiano, os paulistas mestiços chamados de *mamelucos* (a mestiçagem existia inclusive entre os bandeirantes poderosos) falavam mais as línguas maternas, como o tupi ou guarani, do que o português.

Os documentos da Câmara Municipal de São Paulo revelam que a sociedade paulista (que alardeava a sua antiguidade, ou primazia, na colonização do planalto e fazia questão de destacar sua relação com os antigos habitantes, os nativos) empreendia ações coletivas quando organizava as bandeiras com contribuição de todos os participantes. Essa é uma característica curiosa e diferenciada dos paulistas em relação aos colonos de outras regiões.

Como lembramos, a colonização do Brasil nos dois primeiros séculos foi, sobretudo, de homens sós que vinham sem família; as famílias legítimas foram constituídas apenas mais tarde, com as poucas mulheres brancas ou mestiças que acabaram por ser socialmente aceitas. Não vieram grupos religiosos organizados (os cristãos-novos, por exemplo, não podiam assumir sua condição) com ideias de sociedade diferentes da proposta pela religião dominante. Os diversos profissionais e aventureiros que se instalaram na América Portuguesa também nunca planejaram criar aqui uma sociedade diversa da determinada pelas Ordenações. Esse "conformismo" (individualismo, inação) também ocorria nos empreendimentos econômicos, em que o empreendedor se limitava a manter uma relação de empréstimo e crédito com comerciantes da Colônia ou da Europa.

Com os paulistas, porém, a situação foi um pouco diferente. Por força das circunstâncias históricas, na época colonial, os paulistas foram os únicos a se associarem em grupo com homens, armas e provisões sob a direção dos mais experientes e respeitados para desenvolver um empreendimento, a bandeira. Pode-se perceber que, apesar de laços frouxos, eles existiram o suficiente para criar um espírito de união, de solidariedade e comunidade de interesses. (Essa característica iria crescer e se acentuar no século XIX, dando os primeiros passos para o surgimento de um espírito capitalista em empreendimentos coletivos, como fazendas de vários proprietários e companhias de comércio de tropas e de escravos.) Na questão dos bens públicos, contudo, o descaso era igual ao de outras regiões, mas a partir do início século XIX surgiram entre os paulistas algumas iniciativas, como a construção de estrada para Santos, de um teatro, de algumas fontes, entre outras.

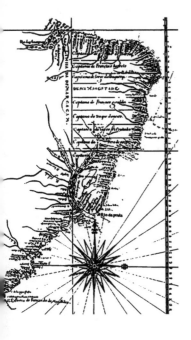

Colônia *versus* metrópole

No fim do século XVII, começam a surgir em Pernambuco vozes contrárias à autoridade inconteste da metrópole que, no decorrer do século XVIII, se repetirão em Minas Gerais e Bahia. Essas manifestações, mesmo que derrotadas, são importantes indícios de como evoluiu a sociedade colonial e merecem ser examinadas aqui.

GUERRA DOS MASCATES

Nos fins do século XVII, com as lutas contra os holandeses e a necessidade de reorganizar o comércio com a Europa, cresceram as divergências entre os produtores de açúcar (senhores de engenho) e os comerciantes que exportavam o produto, importavam escravos e emprestavam capitais. Em Pernambuco, seguiu-se um período de lutas para decidir qual grupo exerceria o poder local em

122 HISTÓRIA DO BRASIL COLÔNIA

Olinda e Recife, colocando em choque os comerciantes que mandavam de fato em Recife (e queriam ter mais privilégios e *status*) e os homens bons que dominavam Olinda.

"Guerra dos Mascates" foi o nome atribuído aos distúrbios que perturbaram Pernambuco a partir da expulsão dos holandeses em 1654. A escolha desse nome revela a visão ofuscada de uma parte da historiografia brasileira que transformou um conflito de interesses de distintos grupos sociais em uma "manifestação nativista" da camada dominante no país (os senhores), que seriam "os brasileiros" contra os imigrantes mais recentes e seu sucesso material (os comerciantes), que seriam "os portugueses". Como veremos, essa é uma visão equivocada, cuja origem pode ser explicada historicamente, pois todos os cronistas coloniais, ao descreverem a sociedade que se formava no século XVII, colocavam os comerciantes (ou *mascates*) na posição de exploradores de lavradores e senhores de engenho (que se apresentavam como nobilitados injustiçados). Essa concepção é muito enviesada e não pode ser adotada sem crítica. Contudo, as descrições que esses cronistas fizeram são úteis hoje no sentido de ajudar os historiadores a entender o surgimento de uma classe comercial enriquecida, entre o senhor de engenho e o escravo.

Como vimos, o senhor de engenho e o lavrador de cana (sem engenho) obtinham suas sesmarias do governo-geral ou das câmaras municipais por meio de boas relações. O capital necessário para a compra de escravos e material de trabalho vinha de empréstimos contraídos com comerciantes nascidos em Portugal ou no Brasil (mas mesmo assim considerados "portugueses", como forma de distingui-los dos senhores de engenho cuja presença na colônia era mais antiga) ou estrangeiros (como os holandeses). Os juros cobrados pelos empréstimos eram altos, e os senhores de engenho, geralmente administradores pouco competentes, preocupados com a regra de viver a *lei da nobreza*, esbanjavam em consumo de luxo e ostentação. Acabavam se endividando ainda mais.

Essa realidade criou uma situação ambígua entre os dois grupos economicamente complementares, mas social e politicamente competitivos. Lembramos aqui que os senhores de terras gozavam os cobiçados *privilégios da nobreza* (que lhes davam poder político, militar e *status* social). Já os comerciantes instalados no Brasil não tinham as mesmas ambições burguesas que os da América Inglesa (que valorizavam o trabalho e a formação de um patrimônio financeiro), e queriam a todo custo atingir as condições necessárias para participar da situação social da *nobreza da terra*.

O tipo de colonização que se instalou no Brasil, feita por indivíduos sem espírito comunitário, sem um projeto ideológico ou político, apenas com objetivo de obter fortuna rápida e fácil, criou condições para que o espírito rebelde explodisse frequentemente. A imposição das Ordenações por parte da metrópole unificou juridicamente os súditos e nutriu entre os colonos expectativas de que, se atendessem aos pré-requisitos básicos, teriam o direito de ocupar as posições de mando e adquirir *status* da mesma forma que os metropolitanos. Porém, aqui, cada um interpretava isso à sua maneira, acabando por provocar conflitos na colônia.

No Brasil, os grandes proprietários de terra julgavam-se os únicos dignos de serem os homens bons, dos quais viriam os vereadores das Câmaras Municipais. Contudo, o modelo mercantilista da economia propiciou um crescimento considerável da camada mercantil, por cujas mãos passavam todos os produtos e riquezas que entravam e saiam da colônia. E essa camada passou a achar que também tinha direito de ditar os rumos da política, buscava, portanto, poder político, além de maior reconhecimento social. É fácil, pois, entender por que os choques – pequenos ou grandes, breves ou duradouros – entre esses dois grupos passaram a ser comuns em toda a colônia no final do século XVII.

O caso da Guerra dos Mascates, em Pernambuco, deixou bem claro essa hostilidade, mas houve momentos em que, embora existisse, ela não era tão evidente e escancarada.

Embora dificultado pelas determinações das Ordenações e pelos costumes, era possível um comerciante ascender socialmente em termos de *status* quando um homem bom se endividava pesadamente com ele, a ponto de ligar-se ao comerciante por um estreito laço de dependência. Por sua vez, para abrir o caminho da ascensão social, o comerciante precisava ser "apadrinhado", "avalizado", pelo senhor de engenho; isso poderia ocorrer por meio de um casamento de filhos, de informações falsas prestadas pelo senhor sobre condições pessoais do comerciante (como ser considerado cristão-velho, não ter loja aberta, "viver nobremente", ter patentes militares nas milícias). Uma verdadeira troca de favores.

*

124 HISTÓRIA DO BRASIL COLÔNIA

O endividamento de senhores de terra diante dos comerciantes que haviam lhes emprestado dinheiro era uma realidade comum em todo Brasil, mas é natural que fosse mais grave em Pernambuco, a capitania do açúcar mais rica e que, no século XVII, atravessou 25 anos de invasões holandesas e sofreu com suas sequelas.

A Restauração da independência de Portugal com relação à Espanha, a expulsão dos holandeses do Nordeste e o casamento estratégico de D. Catarina de Bragança (irmã do rei D. João IV) com o rei Carlos II da Inglaterra (para a obtenção do apoio inglês contra os espanhóis) geraram a necessidade da criação de um imposto especial a ser pago por todos súditos do Império português. Ele foi chamado de Imposto das Pazes da Holanda e o Dote da Rainha, criado em 1665. O Nordeste brasileiro, já abalado pelas lutas recentes e pela perturbação do tráfico negreiro, sofreu muito com o peso do novo imposto, que devia ser pago por todos, ricos ou pobres, em cotas determinadas pelos homens bons das câmaras municipais. A população como um todo se irritou.

O descontentamento aumentou em Pernambuco com a implantação de reformas burocráticas que se seguiram à Restauração de 1640 e trocaram os indivíduos que ocupavam cargos por recomendação dos *nobres da terra* por pessoas da preferência dos *reinóis* (pessoas originárias do Reino de Portugal), obviamente mais fiéis aos interesses portugueses. Além disso, os governadores nomeados a partir de 1654 passaram a adotar políticas cada vez mais tendenciosas a favor da metrópole comandada pela Coroa absolutista.

Em 1666, os senhores de engenho (homens bons de Olinda) se rebelaram contra o governador Jeronimo de Mendonça Furtado, acusando-o de se exceder na cobrança dos impostos pagos pelos proprietários de terra. Ele havia desagradado também os interesses dos comerciantes que exploravam o pau-brasil por contrato de monopólio régio. Portanto, nessa ocasião de revolta, não havia oposição entre senhores de engenho e comerciantes. O governador Furtado acabou deposto pelos descontentes e enviado a Portugal sob acusação de inúmeros desmandos e violências, desvio de impostos régios, aliança com os franceses e desobediência em relação aos acordos sancionados pela Coroa.

O caso da deposição desse governador foi superado, mas seus sucessores tiveram que empregar diversas manobras para evitar que as vontades distintas da nobreza de Olinda e dos comerciantes de Recife, cada vez mais

COLÔNIA *VERSUS* METRÓPOLE **125**

nítidas (apesar dos negócios comuns), desembocassem em um combate de grandes dimensões.

Com o passar do tempo, os dois lados, senhores de engenho e comerciantes, produziram um considerável número de documentos (sobretudo memórias e cartas) muito reveladores do conflito de interesses crescente entre eles. Os comerciantes queriam, em primeiro lugar, participar da Câmara Municipal de Olinda. Como isso lhes foi negado, tentaram, num segundo momento, criar uma Câmara Municipal em Recife, localidade que não cessava de crescer em importância econômica.

Nesse meio-tempo, a economia colonial sofreu uma grande mudança. A descoberta e a extração do ouro trouxeram consigo consequências importantes não só para Minas Gerais como também para todo o Brasil. A produção do açúcar caiu e o preço dos escravos, agora exportados em grande número para a região das minas, subiu, elevando o custo de todos os artigos de consumo cotidiano.

Em Pernambuco, persistiam os prejuízos na economia e ficava cada vez mais clara a divisão política entre a cidade de Olinda, onde a elite era mais aristocrática, e Recife, onde o grupo dominante era mais mercantil. Reconhecendo a importância econômica de Recife, o governador Sebastião de Castro Caldas permitiu a elevação de Recife à condição de vila em 19 de novembro de 1709, irritando os senhores olindenses. Eles ficaram ainda mais revoltados quando o governador ordenou que fossem a Recife discutir com os comerciantes (que eles chamavam de *mascates*) para decidir o preço do açúcar. Indignados com o que consideraram uma humilhação, alguns deles tentaram até assassinar o governador. Em 1710, quando se tornou oficial a separação de Recife e sua elevação à vila, os principais senhores de engenho ligados a Olinda (como Bernardo Vieira de Melo, Leandro Bezerra, os Cavalcanti, os Barros Rego e muitos outros) resolveram marchar para Recife com seus homens e atacar disfarçados de índios; ao chegar, derrubaram o pelourinho que havia sido inaugurado pelos comerciantes para, juntamente com o prédio da Câmara Municipal, caracterizar a elevação do *status* de Recife.

O chefe militar dos mascates, o capitão João da Mota, em correspondência para o rei, alegou que os senhores de engenho pretendiam criar um governo autônomo ou oferecer a soberania para outro monarca!

126 HISTÓRIA DO BRASIL COLÔNIA

Na realidade, a aristocracia olindense atacou as lideranças locais, ameaçou o governador, acusado de estar do lado dos mascates, e perseguiu seus aliados. Para obter recursos, os mais exaltados ameaçaram promover saques e chegaram a falar em criar na região uma república de modelo veneziano! (Esse foi o aspecto mais radical desse movimento e fez com que muitos o chamassem de "autonomista", já que foi levantada a hipótese de rompimento com a metrópole.) Os nobres revoltosos de Olinda redigiram um documento (*Capitulação*) destinado ao rei de Portugal em que ditavam suas exigências em troca do fim das hostilidades; enquanto aguardavam a resposta do monarca, aceitavam que o bispo D. Manuel Álvares da Costa atuasse como governador da capitania (pois Sebastião de Castro Caldas, temendo por sua segurança, já havia fugido).

Capitulação que fizeram os levantados; e ofereceram ao bispo para haver de entrar a governar Pernambuco; e com que persuadiram aos particulares; e povo.

Os povos de Pernambuco, como leais vassalos del-Rei D. João V, seguindo a sua ordem, aceitavam o Bispo D. Manuel Álvares da Costa por seu governador, com as seguintes condições: 1º – Dar-se-lhes-ia o bispo um perdão geral em nome del-rei e no seu pelos insultos cometidos contra o mau govêrno de Sebastião de Castro Caldas e os crimes praticados naquela ação ou anteriormente. 2º – Que o bispo não recebesse o govêrno antes de terem sido confirmados o perdão e mais capitulações. 3º – Que se "desvanecesse" para sempre do mundo a "intrusa vila do Recife" por ser a ruína daqueles povos e a causa dos excessos com que o governador começara a tiranizá-los. 4º – Que nenhum homem de ultramar e mercantil pudesse ocupar qualquer pôsto nas ordenanças auxiliares e na infantaria paga, nem entrar "em república". 5º – Que nenhum dos governadores pudesse prover nos seus criados qualquer pôsto de infantaria paga, ordenanças ou serventias de ofícios. 6º – Que o bispo confirmasse os postos que o povo tinha eleito excluindo os que o mesmo povo apeara. 7º – Que as pessoas que se tinham ausentado com o governador por serem suas parciais, não fôssem mais admitidas naquela capitania, e os seus postos fôssem providos, incluindo os da ordenança e da infantaria do sargento Manuel Pinto. 8º – Que pelo mesmo motivo fôssem expulsos daquela capitania o capitão Antônio Gomes Ferreira, os letrados Francisco Nogueira Castro e Antônio de Sousa, e o coronel Simão de

Góis. 9º – Que el-Rei restituísse os juízes ordinários à câmara de Olinda, excluindo os juízes de fora. 10º – Que el-Rei aceitasse a "tapagem" da ponte do Varadouro da mesma cidade, feita pelo povo. 11º – Que el-Rei concedesse àquela cidade o convento de freiras que se lhe tinha pedido, para recolhimento das "filhas da terra". 12º – Que el-Rei concedesse pôrto franco a duas naus estrangeiras, fora do corpo da frota, as quais não carregariam mais que açúcar. 13º – Que se renovasse a provisão que el-Rei dera àquela terra, pela qual se não arrematariam quaisquer bens (móveis, de raiz, ou escravos) por dívidas contraídas para com os mercadores. Pagar-se-iam apenas com o rendimento das lavouras, ficando um têrço para sustento das suas pessoas, que seriam isentas de prisão pelos mesmos delitos, sendo o açúcar comprado pelo preço da postura da câmara. 14º – Que os mercadores não pudessem levar qualquer juro do débito das fazendas, por no preço delas já terem recebido o seu ganho. 15º – Que os mercadores não cobrassem judicialmente nada dos moradores nas duas próximas frotas, pela "atenuação" em que estava aquela terra. E que o sal voltasse ao seu antigo preço de 320 réis o alqueire. 16º – Que se mandassem dois navios ao pôrto de Tamandaré para receberem o açúcar das freguesias mais vizinhas, por distarem muito do Recife. 17º – Que se não tirassem residências aos capitães-maiores das freguesias, e se conservassem como sempre tinha sido de uso e costume. 18º – Que o dinheiro que se tinha cunhado em Pernambuco com a letra "P" corresse só naquela capitania, subindo as moedas de 640 réis para 800. As moedas das outras capitanias manter-se-iam com o mesmo valor do cunho. 19º – Que se introduzisse naquela capitania dinheiro de cobre em moedas de vintém e dez réis. – Segundo o traslado remetido pelo capitão-mor Cristóvão Pais Barreto e Melo que declarara haver muito mais capítulos "em utilidade do povo ainda que fantástico" e que não copiara por falta de tempo. Seguia-se a cópia do edital que tinham colocado nas portas das igrejas e freguesias: "O Povo de Pernambuco convocado todo, pelas insolências e perseguições e traições do Senhor Sebastião de Castro Caldas damos por traidores a todos os que faltaram para esta ação, com pena de serem traidores, seus bens confiscados e presos conforme fôr o arbítrio do povo; e assim o mandamos e ordenamos. O Povo de Pernambuco".

(Doc. nº 446, em *Os Manuscritos do Arquivo da Casa de Cadaval Respeitantes ao Brasil,* coligidos por Virgínia Rau e Maria Fernanda Gomes da Silva, II, pp. 352-54, Coimbra, 1958.)

128 HISTÓRIA DO BRASIL COLÔNIA

Considerando as regras do sistema colonial e as leis absolutistas de Portugal, o documento transcrito aqui, embora se dirija ao rei, tem bem caracterizado o ato de rebelião contra a metrópole. Porém, o pano de fundo que fica claro para os historiadores é a existência de uma luta de classes (ainda em formação), com interesses específicos e reconhecidos nesse momento como distintos, pela participação no poder.

Quando o documento dita normas e leis ao monarca demonstra, ao mesmo tempo, a ingenuidade política e a arrogância dos homens bons de Olinda apoiados em seus grupos armados e nos seus dependentes. A leitura total de suas exigências revela bem a mentalidade do sistema oligárquico (que ainda é marcante no Brasil de hoje).

Os comerciantes recifenses, por sua vez, não aceitaram o desfecho proposto pelos senhores de engenho e contra-atacaram em 18 de junho de 1711. Contaram com o apoio da Coroa, com o auxílio dos Regimentos dos Henriques (negros), do Camarão (índios), do capitão-mor do Cabo e dos moradores de Goiana.

Os olindenses, então, reuniram tropas e se propuseram a cercar Recife com o objetivo de render os mascates pela fome. Mas a primeira Batalha dos Guararapes foi vencida pelo exército mascate comandado por D. Sebastião Pinheiro Camarão (primo do Camarão, considerado "herói" da guerra holandesa).

A luta continuou até que, em 6 de outubro de 1711, chegou ao Brasil a esquadra do reino trazendo um novo governador, Felix José Machado de Mendonça, que ajudou a encerrar a guerra e prometeu um *perdão geral*. A nobreza de Olinda e os mascates depuseram as armas confiando no perdão geral. Mas o governador, junto com o ouvidor João Marques Bacalhau e o juiz de fora Paulo de Carvalho, iniciou em seguida uma perseguição violenta aos cabeças da rebelião. Muitos foram presos e punidos com o desterro, outros se retiraram para suas propriedades do sertão. A Câmara Municipal de Olinda protestou, lembrando a promessa de perdão, porém as perseguições aos rebeldes só cessaram em 1714.

Na carta que o rei havia mandado com suas instruções, constava, entre outras coisas, uma censura ao uso do termo "naturais" pelos olindenses, pois, segundo o monarca, "todos eram *portugueses*" e assim deviam ser chamados.

Como um último consolo para os olindenses, o rei recomendava que o governador residisse um tempo mais em Olinda, conforme os Regimentos.

Enfim, os mascates ganharam a guerra, obtendo para Recife não apenas sua autonomia, mas também a condição de sede da capitania. Os comerciantes tiveram ainda reconhecido o seu direito de participar do poder (antes reivindicando pelos homens bons como únicos dignos de exercê-lo!).

Essa guerra é importante historicamente, considerando-se sua influência na formação da identidade pernambucana, pois além de ter mexido com o orgulho local de senhores de engenho despeitados, criou em muitos de seus habitantes (pois penetrou também na visão de outras camadas da população) um ressentimento com relação a Portugal. Foi com esse episódio que a região então mais rica da colônia percebeu com maior clareza os problemas advindos da situação colonial: a obrigatoriedade do pagamento de impostos e a submissão forçada à truculência dos governantes nomeados pela Coroa.

A INCONFIDÊNCIA MINEIRA

A Inconfidência Mineira, um movimento de revolta ocorrido nas últimas décadas do século XVIII, teve um caráter distinto do movimento que levou à Guerra dos Mascates, em razão das especificidades do contexto econômico da exploração aurífera e da maior concentração urbana existente em Minas Gerais.

A riqueza aurífera, diferentemente da advinda da exploração da cana-de-açúcar, teve um caráter mais difuso, porque seus benefícios se estenderam e se aprofundaram nas diversas camadas sociais existentes na região das minas. O comércio local, por exemplo, permitiu a participação até de ex-escravos que, por diversos meios, acumularam dinheiro suficiente para comprar sua própria liberdade e estabelecer-se como proprietários ou artífices, mas, sobretudo, como homens e mulheres livres. Além disso, a burocracia colonial em Minas era mais ampla e dispersa, porque era voltada para um controle severo dos descaminhos do ouro, da evasão do metal. Para policiar as estradas e as trilhas das montanhas, foram criados corpos militares especializados como, por exemplo, Os Dragões de Minas, entre outros. A consequência dessas medidas foi um controle maior da capitania considerada de fundamental importância para a metrópole.

No século XVIII, a elite de Minas Gerais (fazendeiros, mineiros, burocratas, comerciantes) se preocupava com a educação dos filhos, enviando-os para estudar em Portugal (porque na capitania não eram permitidas as ordens religiosas e os jesuítas tinham sido expulsos de todo país em 1756). Com isso, em algumas décadas até 1780, já havia muitos diplomados mineiros, que seriam, inclusive, alguns dos responsáveis pelo surto cultural da época, além dos burocratas enviados da metrópole e dos já mencionados talentosos artistas locais. Esses "brasileiros" cultos compravam livros estrangeiros e se interessavam pelos acontecimentos políticos de grande repercussão mundial, como a Independência dos Estados Unidos da América (1776), processo acompanhado com entusiasmo, e a Revolução Francesa, de caráter liberal e republicano.

A grande maioria dos homens cultos da época no Brasil, como no restante do mundo, se interessava pela leitura de obras de caráter científico que se preocupavam com a observação da natureza, plantas e animais, procurando padrões lógicos que levassem a sua classificação. No campo filosófico e político, cresceu e se expandiu entre vários desses homens o ideário liberal do iluminismo, que se caracterizava pela defesa do direito de participação dos indivíduos em todos os campos da vida social e política. Aceitava-se cada vez menos o princípio da hierarquia herdada e se valorizavam o mérito pessoal e, sobretudo, a ampliação do conceito de cidadania, especialmente de participação política, pois o regime idealizado pelos liberais era o da República de inspiração romana.

O ILUMINISMO EM UMA SOCIEDADE ESCRAVISTA

Os ideais do Iluminismo, como foi chamado o grande movimento intelectual que surgiu na Europa (especialmente na França), estiveram nas bases de transformações sociais no sentido de uma sociedade mais igualitária e da valorização do pensamento racional (atuantes até os dias de hoje).

Eles nasceram em grande parte inspirados pelas viagens de descobertas dos séculos XV e XVI, em que cientistas ou curiosos observaram e descreveram o Novo Mundo, a África e a Ásia, constatando não apenas as riquezas locais e as civilizações que as usufruíam, mas também a imensa variedade do gênero humano.

A natureza desses lugares também deslumbrou e enriqueceu o imaginário europeu. Surgiram museus e sociedades destinadas a estudar melhor as paisagens e as culturas distintas da europeia. Os estudiosos viajavam pelos centros de difusão do conhecimento e também publicavam livros que acabavam sendo avidamente consumidos. O conhecimento passou a ser partilhado como nunca até então, sendo o ponto alto a publicação da *Enciclopédia* francesa a partir de 1751.

Nessa mesma época, como consequência das reflexões sobre as guerras da religião do século XVII, ficavam claros também os males da intolerância e da tirania – o que estimulou teorias que favoreciam a liberdade de pensamento (e também de estudo, pesquisa e divulgação de ideias) e maior participação política, que resultariam em reivindicações pelo direito de voto através de constituições que o regulamentassem.

Senhora carregada em palanquim por negros escravos
(obra de Carlos Julião, ca. 1770).

Infelizmente, o Iluminismo que penetrou lentamente em Minas Gerais e em todo o Brasil tinha limites bem nítidos. Não só por atingir um número pequeno de indivíduos, mas principalmente por contrariar os interesses escravagistas tradicionais e arraigados. Assim, o pensamento econômico e político que se desenvolveu por aqui inspirado no Iluminismo, ao tecer suas teorias liberais, não conseguiu traduzir em seu projeto social a inclusão de negros e índios nem prever a diminuição de forma considerável das hierarquias existentes na época.

132 HISTÓRIA DO BRASIL COLÔNIA

Enfim, na Minas Gerais dessa época já havia um ambiente intelectual capaz de refletir sobre as crises econômicas crescentes decorrentes do esgotamento progressivo das jazidas de ouro de aluvião e reagir politicamente a elas.

No período mais produtivo das minas, o *quinto* devido à Coroa portuguesa fora determinado pelo mínimo de 100 arrobas anuais. A partir de 1751, foi ficando cada vez mais difícil pagá-lo e o *déficit* tornou-se a regra; a dívida para com a Coroa, portanto, não cessava de aumentar.

A diminuição da produção aurífera também se refletiu nos rendimentos dos impostos de Entradas. Tratava-se da cobrança de uma taxa significativa sobre todos os artigos importados e exportados que era feita de acordo com o peso da mercadoria. Essa forma, um tanto estranha de cobrança, tinha grandes inconvenientes para o desenvolvimento da economia em geral e da atividade mineradora: produtos como ferramentas, ferro bruto e outros artigos necessários para desenvolver qualquer trabalho saíam muito caros, enquanto bens de luxo, como tecidos, joias, sapatos, saíam muito baratos, o que encorajava o consumo de ostentação. (Cronistas e memorialistas não cessavam de criticar a paixão generalizada dos mineiros pelo luxo ostentoso, mesmo entre libertos e até entre escravos.) Outro imposto muito lucrativo para os contratadores e também para a Coroa portuguesa era o das Passagens (que, como o das Entradas, era objeto de monopólio régio arrendado a contratadores), taxa cobrada sobre cada pessoa ou animal que passasse pelos postos fiscais de cobrança. Contudo, a diminuição dos rendimentos do ouro e dos diamantes influiu profundamente nos *contratos* das Entradas e Passagens; quando se instalou a crise, os contratadores estavam em grande atraso no pagamento das cotas anuais devidas à metrópole.

Nesse momento de dificuldades com a economia aurífera e de queda do valor do *quinto*, cresceu a produção agrária que levava à fabricação de toucinhos, banha, tabaco, couros e até de tecidos de algodão que abasteciam o Rio de Janeiro. Porém, em 1785, um decreto da rainha de Portugal, D. Maria I, proibiu a instalação de quaisquer indústrias e a importação de máquinas em Minas Gerais. Isso causou um grande desgosto entre a população local, que seria constantemente lembrado nos anos vindouros.

Por volta de 1780, a capitania sentia os efeitos de uma crise econômica geral, mas os burocratas insistiam na ideia de que tudo se devia aos descaminhos e ao contrabando. Os governadores ameaçavam a população

COLÔNIA *VERSUS* METRÓPOLE **133**

com a derrama, a cobrança forçada dos impostos atrasados, apavorando a todos, pois mesmo os que não estavam ligados diretamente à mineração teriam que pagar uma cota ou acabariam com seus bens confiscados (já que os governadores esperavam que o ouro eventualmente em mãos de não mineradores – fazendeiros, artífices, comerciantes, entre outros – fosse, com a *derrama*, também arrecadado para cobrir as dívidas *da capitania* para com a Coroa).

Em 1788, chegou à Vila Rica o novo governador da capitania (Luis Antonio Furtado de Mendonça, visconde de Barbacena) para substituir o antigo governador (Luis da Cunha Menezes), muito impopular em razão das violências cometidas em seu governo. Porém, o novo governador não vinha para agradar, pelo contrário, chegava com ordens expressas de lançar a derrama e cobrar de uma vez as 324 arrobas de ouro devidas com atraso de mais de dez anos (1774 a 1785).

Diante dessa situação, algumas pessoas começaram a conspirar contra o governador e a planejar a independência de Minas Gerais (e até do Brasil) com relação à metrópole. Embora não seduzisse todos os descontentes, ganhava corpo em Minas a ideia da separação de Portugal e da proclamação da República no Brasil, a exemplo do que ocorrera nos Estados Unidos.

Os conspiradores cresceram em número, dizendo-se inspirados pelo iluminismo. Assim, depois de algum tempo, um grupo significativo de pessoas influentes consideradas intelectualizadas, que exerciam as mais diversas profissões ou funções, mas também estavam envolvidas de alguma forma na mineração, passou a movimentar-se. Entre elas estava o cônego Luis Vieira, que possuía uma rica biblioteca com obras de pensadores como Locke e Montesquieu. Os padres José da Silva de Oliveira, Carlos Correa de Toledo e José da Silva Rolim eram radicais e falavam abertamente em "independência" e "república". O doutor José Álvares Maciel (filho do capitão-mor de Vila Rica e estudioso de História Natural, Química e Filosofia), outro dos conjurados, chegou a se encontrar na França com Thomas Jefferson para trocar ideias.

Participavam ainda do movimento dos descontentes com Portugal, embora não fossem tão radicais nem se expusessem tanto, o ouvidor Tomás

Antonio Gonzaga, o coronel Inácio José de Alvarenga (proprietário de lavras e escravos), o poeta Cláudio Manoel da Costa, entre outros.

Nesse ambiente de conchavos, um personagem começou a se destacar: o alferes do Regimento de Dragões, Joaquim da Silva Xavier, conhecido como Tiradentes (prático de Medicina). Em seu cargo militar, ele havia cumprido diversas missões a serviço do governo de Minas, mas apesar de seu empenho, não fora promovido nem reconhecido, talvez por sua má aparência e, com certeza, por falta de padrinhos políticos fortes. Em contato com José Álvares Maciel, Tiradentes tomou conhecimento das ideias liberais, das quais se tornou um fervoroso adepto. Em Vila Rica, passou a ser um dinâmico agitador político, defendendo a independência da colônia, acusando a metrópole de, em seu próprio benefício, manter o Brasil na pobreza deliberadamente. Sua propaganda não se limitou às camadas populares. Apesar da repugnância inicial de membros da elite que o ridicularizavam por sua origem humilde, Tiradentes conseguiu o importante apoio do tenente coronel Francisco de Paula Freire de Andrade, também do Regimento de Dragões, de família ilustre, parente dos Sá e Benevides do Rio de Janeiro, sesmeiros desde o início da colonização. Do ponto de vista estratégico, a adesão mais importante para o movimento foi a de Francisco de Paula Freire de Andrade, a maior autoridade militar da capitania.

Em suas reuniões secretas, os conspiradores discutiam as possibilidades de ocorrer na colônia uma sublevação com o apoio inglês (já que a Inglaterra se mostrava interessada na abertura dos portos da América que estavam sujeitos ao chamado "exclusivo colonial", que proibia a participação de qualquer país que não fosse a metrópole nas exportações da colônia) e a importância da adesão das capitanias de São Paulo e Rio de Janeiro ao movimento. Mas se isso não ocorresse, mesmo assim, propôs Tiradentes, tão logo se anunciasse a derrama, os revolucionários sairiam às ruas para ocupá-las aos gritos de "Viva a liberdade!" (depois, quando se confeccionou uma bandeira para o movimento, ela portava o lema *Libertas quae sera tamen*, "Liberdade ainda que seja tarde").

Nos diversos planos para o futuro do país independente, a questão da escravidão não foi devidamente discutida; embora alguns cogitassem a libertação de todos os escravos ou pelo menos dos mulatos, o temor de desorganizar a produção nas lavras e nas plantações logo matou essa ideia.

COLÔNIA *VERSUS* METRÓPOLE **135**

Tiradentes e os padres Correia e Rolim eram os mais ativos propagandistas do movimento, enquanto os outros preferiam ser mais discretos ou se limitavam a falar mal da derrama. Na busca de simpatizantes para seu projeto, os adeptos procuraram atrair os maiores devedores da Coroa e acabaram chegando ao contratador Joaquim Silvério dos Reis que, contudo, esperando ser recompensado com o perdão de suas dívidas, acabou denunciando os conspiradores ao visconde de Barbacena. Mas não foi o único traidor, constando ainda entre os delatores conhecidos o tenente-coronel Basílio de Brito Malheiros do Lago e o mestre de campo Inácio Correia Pamplona.

Em primeiro de março de 1789, o governador visconde de Barbacena resolveu suspender a derrama em razão da denúncia que recebera da parte desses traidores do movimento separatista, pois soubera que assim que fosse decretada a cobrança, os conspiradores, em resposta à senha "tal dia é o batizado" (o dia que fosse decretada a derrama), dariam início à revolução. A partir de então, o governador começou a perseguir os conspiradores. Em 10 de maio de 1789, mandou Silvério dos Reis providenciar a prisão de Tiradentes. Além dele, foram presos todos os conjurados de Vila Rica, depois remetidos para o Rio de Janeiro, com exceção de Cláudio Manoel da Costa, que se suicidara na prisão. Em 1790, Tiradentes em um gesto corajoso assumiu toda a culpa e tentou isentar seus companheiros.

O processo da *devassa* (inquérito judicial) em Minas levou três anos e a sentença foi pronunciada em 1792. Os padres rebeldes foram enviados a Portugal, onde ficaram presos por quatro anos e, depois, encerrados em conventos. Todos os outros, com exceção de Tiradentes, foram condenados ao exílio na África, onde alguns acabariam morrendo; mais tarde, alguns voltariam ao Brasil. O único condenado à morte foi Tiradentes, enforcado no dia 21 de abril de 1792; seu corpo foi esquartejado e os pedaços expostos no caminho de Minas para servir de exemplo a outros descontentes e possíveis rebeldes.

O movimento inegavelmente foi de elite, com participação de burocratas, de proprietários de minas, terras e escravos e de contratadores dos impostos. Eram eles os diretamente interessados na economia mineira. O fato curioso e até certo ponto surpreendente foi o seu nível intelectual, tendo contado com diversos poetas e escritores entre os conspiradores.

Contudo, o participante mais cruelmente castigado foi Tiradentes, um homem originário das camadas populares. Aliás, a sua foi uma das únicas participações populares comprovadas, talvez porque, com grande firmeza, não fazendo nenhuma denúncia e assumindo sozinho a responsabilidade, ele acabou poupando outros possíveis partidários de seu círculo social que costumavam ouvir seus discursos.

Pesquisas recentes tentam demonstrar que a participação na conspiração talvez tenha sido mais ampla. Mesmo assim, ela fracassou, e tudo continuou como antes, restando o registro para a História do primeiro movimento que assumiu o projeto da independência do país sem reservas.

A CONSTRUÇÃO DE TIRADENTES COMO HERÓI NACIONAL

Nos primeiros anos depois de seu fracasso, o movimento da Inconfidência Mineira foi pouco mencionado nos registros históricos, porque ainda estávamos sob um sistema absolutista. Depois, a comoção com a chegada da Corte de D. João e a inversão da situação da colônia, que passou a ser sede do Império, não estimularam reflexões a respeito.

Tiradentes esquartejado, de Pedro Américo (1893).

A produção histórica do Primeiro e do Segundo Reinado também não valorizou o movimento e muito menos a figura de Tiradentes (a família real, que reinou até 1889, incluía a rainha D. Maria I, que havia assinado a sentença de morte de Tiradentes, portanto não havia interesse em lembrá-lo), centrando as menções existentes nas figuras dos intelectuais.

Foi só nas últimas décadas do Império, após 1870, que os militares elegeram o seu herói, Tiradentes, que anos depois acabaria sendo proclamado "patrono da República", numa tentativa de abrilhantar o movimento republicano e seu desfecho. Embora a Inconfidência Mineira voltasse a ser relembrada e celebrada já no final do Império, foi com a República que o 21 de Abril seria comemorado como data cívica nacional por várias entidades.

A partir dos anos 1930, o Estado empenhou-se diretamente em valorizar a data e a figura de Tiradentes. O governo Vargas fez questão de reavivar (ou "construir") sua memória, ressaltando-lhe o cunho nacionalista e patriótico de modo a propagandear que todos os brasileiros deveriam se unir em torno de um interesse comum: o bem do país (conforme seus governantes o definiam). Escolas, instituições e livros didáticos brasileiros passaram a lembrar a todos o caráter heroico de Tiradentes. Essa exaltação ganhou força com o presidente Juscelino Kubitschek, que colheu frutos políticos da lembrança da luta pela independência ocorrida em Minas e com a ideia de ser seu herdeiro político (identificação tentada por vários outros políticos desde então). Porém, independentemente de interesses governamentais, a figura de Tiradentes como um representante do povo injustiçado ganhou, com o tempo, forte apelo popular (sendo que muitos chegam a identificar seu martírio com o de Jesus). Uma versão popular lhe atribuiu a frase de que, pela liberdade, se tivesse dez vidas, ele as "daria com prazer". Hoje, enquanto alguns historiadores preocupam-se em desconstruir o mito, outros o incluem como um representante das classes populares martirizado pelos donos do poder.

A CONJURAÇÃO DOS ALFAIATES, NA BAHIA

Essa denominação curiosa refere-se à profissão de alguns elementos mais humildes do movimento que agitou Salvador e a Bahia como um todo na década de 1790. Um grupo de intelectuais e burocratas reunidos numa Sociedade Literária conspirou contra a Coroa portuguesa com base na divulgação dos princípios ilustrados pela Revolução Americana. Entre eles, contava-se o poeta Manoel Inácio da Silva Alvarenga (advogado e professor

138 HISTÓRIA DO BRASIL COLÔNIA

de Retórica), o professor de Grego João Marques Pinto, o médico Jacinto José da Silva, o professor de Gramática Latina João Manso Pereira, o médico Vicente Gomes, o bacharel Mariano José Pereira da Fonseca e o professor de meninos Manuel Ferreira.

Denunciados, acabaram presos acusados de rebelião. Seus livros e documentos foram confiscados. E o processo contra eles durou até 1797, quando finalmente foram soltos.

Não há muitas provas documentais do movimento que se seguiu, agora com maior participação de populares, mas os panfletos e cartazes desses conjurados revelam a influência do ideário da *Ilustração* (que incluía república, liberdade e igualdade) e da Revolta no Haiti. Defendiam a necessidade de combater os ricos, mesmo com violência.

Em 12 de agosto de 1798, apareceram em algumas igrejas papéis colados convidando as pessoas para um levante, com saque e assassinatos de autoridades, incluindo o governador D. Fernando José de Portugal. Reivindicavam ainda a instalação da república, além de pedir liberdade e igualdade.

Os responsáveis pela ousadia – os alfaiates pardos João de Deus do Nascimento e Manoel Faustino dos Santos Lyra (menor de 17 anos); os soldados Lucas Dantas e Luis Gonzaga das Virgens, também pardos – acabaram denunciados. Na devassa, foram incluídos ainda: o bacharel em Filosofia e cirurgião Cipriano José Barata d'Almeida (era também lavrador de cana para o engenho de Joaquim Ignácio de Siqueira) e seu irmão José Raimundo Barata, o tenente Hermógenes Francisco d'Aguilar e o professor de Gramática Latina na Vila de Rio das Contas Francisco Muniz Barreto de Aragão.

Contudo, o tratamento dispensado aos acusados pelas autoridades diferiu muito segundo sua cor e situação social, sendo que os negros, pardos e mais pobres foram os mais prejudicados.

No século XIX, encontraríamos Cipriano Barata destacando-se politicamente como deputado patriota nas Cortes de 1821 em Lisboa, Aguilar como major em 1821 lutando pelo partido português nos conflitos pela Independência na Bahia e Muniz Barreto advogando em Cachoeira já em 1807.

Os outros acusados foram defendidos pelo advogado José Barbosa de Oliveira que alegou que a linguagem dos panfletos não era compatível com o nível de cultura deles. No entanto, uma comparação das letras concluiu que o autor era o soldado Luis Gonzaga das Virgens.

Luis Gonzaga das Virgens, Lucas Dantas, João de Deus do Nascimento e Manuel Faustino dos Santos Lyra foram condenados à morte e executados em 8 de novembro de 1799.

Essa tentativa de rebelião foi a mais assustadora para os poderosos locais, porque envolvia pretos e pardos, livres e escravos, o que deixava bem claro que as ideias liberais do século XVIII já chegavam à parte mais numerosa e perigosa da sociedade.

A revolta que levou ao massacre generalizado dos proprietários no Haiti (colônia francesa) criou no Brasil o grande temor, que duraria até os meados do século XIX, do chamado "haitianismo". (Esse temor foi um dos fatores que favoreceram a opção por soluções conservadoras e autoritárias do processo de Independência.)

Outro aspecto interessante desse movimento "dos Alfaiates" é que os membros poupados da elite não desistiram. Com relações intelectuais com o clero do seminário de Olinda, participariam da Revolução de 1817 em Pernambuco, e até mesmo em conspirações no Rio de Janeiro em 1798. Alguns participariam também do processo de Independência, chegando a fazer carreira política depois dela.

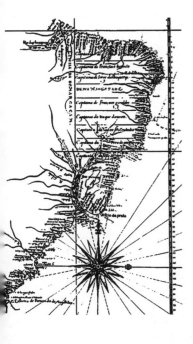

Vida cultural

Os primeiros tempos da conquista e exploração do território não foram favoráveis à vida cultural. Com certeza não existiam escolas, porque entre os exploradores e colonos não havia famílias com filhos que necessitassem de educação escolar. Na verdade, a educação escolar no Brasil começou a existir em meados do século XVI, paradoxalmente destinada, sobretudo, aos meninos índios, que, sob a ótica da Igreja e da Coroa, precisavam ser culturalmente conquistados pela catequese e o aprendizado da língua portuguesa. Os filhos dos colonos acabavam sendo incluídos nas mesmas classes que os indiozinhos. Obviamente, estamos falando aqui dos colégios mantidos pela Companhia de Jesus que, por 200 anos, dominaria o ensino no Brasil e seria a responsável pela formação da elite alfabetizada e culta local. (As outras ordens

142 HISTÓRIA DO BRASIL COLÔNIA

religiosas – franciscanos, mercedários, carmelitas e beneditinos – chegaram só no fim do século XVI e, em conventos menores, alfabetizaram um pequeno número de crianças.)

No Brasil, a pedagogia jesuítica sofreu transformações no sentido de adaptar-se à realidade local, desde o momento em que os padres se deram conta de que os métodos usados com os filhos de europeus não serviam para os índios devido ao abismo que separava as duas visões de mundo. Os jesuítas foram os primeiros a perceber que o ensino forçado do português tinha pouco sucesso entre as crianças indígenas, porque o que era aprendido com aparente aproveitamento acabava sendo esquecido em pouco tempo, já que, quando voltavam às suas tribos, as crianças só podiam se comunicar na língua indígena de suas mães.

E não era só entre os índios que o emprego da língua portuguesa encontrava obstáculos. A imagem de rebeldia e selvageria dos paulistas, alimentada desde o século XVI pelos colonos, era reforçada pelo costume que eles tinham de se comunicar usando línguas indígenas. Por ocasião da Guerra dos Bárbaros no Nordeste, em que participaram muitos bandeirantes paulistas na segunda metade do século XVII, Domingos Jorge Velho (que ficaria famoso como destruidor de tapuias e dos quilombos de Palmares) recebeu a visita solene de um bispo. Sem se intimidar, o bandeirante mameluco ficou sentado com sua comitiva falando ao religioso em guarani com auxílio de um intérprete. No fim da entrevista, Domingos Jorge Velho abandonou a máscara de selvageria arrogante e respondeu ao bispo em português, deixando clara sua independência de espírito. Mesmo no século XVIII, um catequista chegou a reclamar que a comunicação com os colonos era difícil, porque eles preferiam falar entre si e com os padres em língua tupi e não em português.

Com o tempo, o papel catequizador dos jesuítas foi separado do educacional, pois o primeiro se fazia no campo e nas florestas e o segundo foi ficando restrito a vilas e cidades, onde mantinham seus colégios.

Os jesuítas, nas suas escolas primárias, o horário diário era de cinco horas e o ensino durava dois anos. O ensino secundário, que também se realizava nos colégios, tinha uma duração de cinco anos. Neles se ensinava latim, geografia, história, retórica e língua portuguesa. Para os que desejavam ampliar os conhecimentos existiam cursos de mate-

VIDA CULTURAL 143

> máticas, física, química e biologia... Em alguns colégios como os da Bahia, Rio de Janeiro, São Paulo, Recife, São Luís e Belém havia os chamados colégios de artes, que os que buscavam a carreira e outros interessados podiam frequentar. Em horário de quatro horas diárias se estudava filosofia, teologia e matemáticas. No final do curso defendiam uma tese e recebiam o grau em ato solene. Era um embrião de estudos universitários. (Arthur Cesar Ferreira Reis, "A cultura", em *História general de América*, v. II – Brasil, OEA, s. d.)

Apesar das várias críticas severas que registraram a respeito de colonos e índios, podemos dizer que os jesuítas revelaram um grau de compreensão da cultura e dos costumes locais muito maior que o de seus contemporâneos. Já vimos que suas "cartas" são documentos de valor inestimável para a História, por revelarem uma grande capacidade de observação e descrição do Brasil colonial.

Embora por vezes ingênuos, seus textos são de extraordinária clareza e frescor. (Essas fontes históricas riquíssimas foram descobertas, em arquivos espalhados pelo mundo, na primeira metade do século XX pelo padre Serafim Leite que as classificou e organizou.)

Porém, o esforço de descrever o Brasil, com suas mazelas e qualidades, não se limitou aos jesuítas. Diversos leigos registraram suas impressões, críticas ou laudatórias com vistas à promoção da imigração portuguesa.

AS OBRAS QUE DESCREVERAM E EXPLICARAM O BRASIL

Entre os primeiros que se dedicaram a descrever e explicar o Brasil, destaca-se o funcionário da Coroa Pero Magalhães Gandavo, autor de *Tratado da terra do Brasil* e de *História da Terra de Santa Cruz*, publicados em 1570 e 1571, respectivamente, nos quais trata da geografia, das plantas, das terras, das pessoas, do potencial econômico e dos problemas da conquista portuguesa. Já o senhor de engenho Gabriel Soares de Souza, no seu *Tratado descritivo do Brasil* (1587), conta sobre os usos e costumes locais, a fauna e a flora. O quadro não era completo, mas, com essas descrições, as regiões costeiras de Pernambuco a São Paulo, com suas potencialidades, já estavam delineadas no final do século XVI. Nessa época, o chamado sertão ainda não entrava nas cogitações.

144 HISTÓRIA DO BRASIL COLÔNIA

Em *Diálogos das grandezas do Brasil* (1618), Ambrósio Fernandes Brandão usa o recurso de forjar um diálogo entre defensores e críticos do Brasil. A sua contribuição mais relevante para a História é a descrição que faz da sociedade colonial oscilando entre senhores de engenho e mascates, embora a riqueza e os meios de adquiri-la estivessem bem claros e passassem pela peneira do comércio especulativo na importação de escravos negros. Segundo Brandônio (pseudônimo de Ambrósio Fernandes Brandão), uma leva de escravos vendida por um mascate em Salvador proporcionava-lhe um valor quatro ou cinco vezes sobre o que ele tinha pago.

O inventário dos problemas da terra ficou cada vez mais completo e complexo no século XVII devido à expansão da descoberta e da ocupação do território. O jesuíta Fernão Cardim, autor de *Tratado de terra e gente do Brasil* (em diversos opúsculos), ampliou o conhecimento do processo de conquista aproveitando a experiência da Companhia de Jesus.

Os padres capuchinhos instalados no Maranhão entre 1613 e 1614 (na tentativa de criar uma colônia francesa por lá) descreveram essa região na obra intitulada *História dos padres capuchinhos na ilha do Maranhão e terras vizinhas*. Mais tarde, esses mesmos padres registraram suas impressões sobre uma nova região, mais próxima da Amazônia, objeto de cobiça de diversos países.

Em meados do século XVI, a aventura francesa da Guanabara (de tentar criar uma França Antártica para os huguenotes perseguidos) deu oportunidade para o surgimento dos trabalhos de André Thevet (franciscano e geógrafo, com obras de 1558 e 1575) e de Jean de Léry (huguenote, autor de *Viagem à terra do Brasil*, 1578) que, apesar de descreverem o horror da guerra com os portugueses e criticarem o canibalismo dos tupinambás, não omitiram traços simpáticos dos indígenas. Lido por Montaigne, na França, o livro de Jean de Léry ajudou a criar o mito (que durou séculos, alimentado também por Rousseau no XVIII) do "bom selvagem" corrompido pela civilização e seus liames. (Esse mito influi até hoje em teorias pedagógicas que advogam a ideia da "bondade essencial do homem", traço que acaba se alterando pelo contato com a sociedade.)

VIDA CULTURAL **145**

Pela ótica das obras e documentos mencionados até aqui, temos o Brasil descrito por uma visão europeia que, além de criar mitos (como o das Amazonas, do Eldorado, do selvagem puro e outros), retrata uma terra idealizada que parecia oferecer oportunidades sem fim.

O primeiro olhar mais "científico" surgiu na expedição conquistadora e deliberadamente exploradora de Pernambuco e Bahia feita pelos holandeses dirigidos pelo príncipe de Nassau a partir de 1630. Na comitiva de Nassau, estavam o médico Willem Piso, o naturalista (alemão) Georg Markgraf e o pintor Frans Post, que produziram as primeiras descrições científicas de plantas, remédios, animais e dos habitantes nos padrões da época, acompanhadas de desenhos e explicações. Frans Post, habituado a retratar as paisagens de seu país, fez o mesmo com as de Recife e Olinda, além de reproduzir imagens de campos e engenhos brasileiros. Fez também magníficos retratos de mulatas e índias (e curiosamente não fez nenhum de colono holandês ou brasileiro). Na mesma época, trabalhou no Brasil o retratista Thomas Eckhout (até hoje um dos mais populares pela beleza de suas criações).

Entre os autores de obras literárias, destaca-se a figura ímpar do padre Antônio Vieira que dominou todo o século XVII. Autor de cartas e sermões famosos, relatórios e obras políticas, Antônio Vieira também defendeu os índios, combateu o preconceito danoso contra os judeus e cristãos-novos e propagou uma visão já quase capitalista da economia. Suas opiniões o levaram à prisão, mas a firmeza de suas posições jamais lhe faltou. (O estilo literário da época é um pouco pesado para nós, mas a riqueza das imagens e metáforas encanta o leitor mais paciente.)

No século XVIII, governantes portugueses e espanhóis enviaram à América expedições específicas ou deram ordens aos seus governadores para que promovessem pesquisas relacionadas aos rios e às regiões de fronteiras contestadas – como foi o caso da Amazônia, com a missão dos padres jesuítas Diogo Soares e Domingos Capassio, e a de Alexandre Rodrigues Ferreira; o mesmo foi feito com a região que ia até o Prata. Os documentos advindos dessas pesquisas serviram para a confecção do Tratado de Madri.

Foi nesse contexto que entrou em cena um personagem histórico importantíssimo na definição das fronteiras do Brasil: o santista Alexandre de

146 HISTÓRIA DO BRASIL COLÔNIA

Gusmão, que ocupou diversos cargos na administração colonial (e acabou nomeado secretário do rei D. João V). Por cerca de um quarto de século, Alexandre de Gusmão exerceu uma atividade febril reunindo um arquivo de todos os mapas, relatos e informações produzidos até então sobre todas as regiões fronteiriças da colônia portuguesa. Dessa forma, quando se fizeram as negociações finais do Tratado de Madri (1750), das quais ele não pode participar por não ser nobre, os portugueses já estavam muito bem preparados para a discussão final dos termos do Tratado. O material espanhol era mais vago e com lacunas, e os negociadores foram então obrigados a aceitar as provas portuguesas. (Foi por esse trabalho que Alexandre de Gusmão tornou-se o pai e patrono da diplomacia brasileira, título obtido ainda antes da Independência.) O Tratado de Santo Idelfonso, de 1777, assinado em situação de crise com a Guerra Guaranítica, foi modificado diversas vezes, mas as grandes linhas de Madri permanecem até hoje.

Também houve quem se dedicasse a escrever Histórias gerais do Brasil, como o frei franciscano baiano Vicente de Salvador, autor de *História do Brasil de 1500 a 1627* (primeira publicação feita em 1865), e o baiano Sebastião da Rocha Pita, autor de *História da América Portuguesa* (1730). No século XVIII, também foram produzidos relatos de estudos regionais, da ação de ordens religiosas, de questões militares, das lutas contra os holandeses etc.

Quando, em Portugal, Pombal designou Domingos Vandelli para reformar a Universidade de Coimbra após a expulsão dos jesuítas em 1759, este encarregou o doutor Alexandre Rodrigues Ferreira, naturalista baiano, de estudar a região amazônica. Por nove anos, Rodrigues Ferreira juntou uma enorme coleção de espécimes de plantas, animais, mapas e desenhos que acabou enviando à metrópole, onde o material cairia no esquecimento até ser apoderado, juntamente com vários outros itens valiosos, por Saint Hilaire, quando este acompanhava as tropas napoleônicas. (Não há dados concretos sobre o destino final desse material, sabe-se que uma parte foi enviada a Paris servindo a estudos de Saint Hilaire.)

As descrições regionais também se multiplicaram; entre elas não se pode esquecer o insubstituível trabalho intitulado *Flora fluminense*, do frei da Conceição Veloso (que continua sendo de extrema utilidade para os ambientalistas atuais). Mas o maior e mais talentoso pesquisador (menos conhecido em sua época e até o século XIX, porque o governo português considerou suas informações perigosas para o uso de possíveis invasores) foi João Antônio Andreoni (pseudônimo: André João Antonil), autor de *Cultura e opulência do Brasil por suas drogas e minas* (1710). Esse livro – uma rica e detalhada descrição da economia açucareira, da pecuária, da exploração do ouro e dos caminhos do litoral ao interior – assustou a todos os que temiam ataques de estrangeiros. A sua descrição da sociedade escravista, com seus males e injustiças, é usada como fonte valiosíssima de pesquisa histórica até hoje. Além disso, o talento literário de Antonil transparece em trechos saborosos e suscita um desejo de citação literal que nenhuma transcrição satisfaz.

O ENSINO E A LITERATURA

No Brasil, a expulsão dos jesuítas gerou um vácuo no ensino que precisava ser preenchido, mas faltavam professores e recursos. No mesmo ano de 1759 foram feitos concursos para professores leigos e, em 1772, foi criado o Subsídio Literário, formado com impostos sobre a carne e a aguardente para o pagamento dos docentes. É difícil avaliar o valor desse ensino que, ou não tinha método nenhum, ou imitava o jesuítico, mas foi o que predominou até a Independência.

Calcula-se que no século XVIII, principalmente depois da reforma feita após a expulsão dos jesuítas, a Universidade de Coimbra foi procurada por um total de 800 estudantes brasileiros. Na bibliografia utilizada por eles eram encontrados, apesar das proibições oficiais, inúmeros livros escritos pelos chamados iluministas, que defendiam as liberdades políticas e econômicas e os direitos individuais. (A essa geração caberia liderar o processo de Independência, como veremos adiante.)

A produção literária da escola mineira, onde se inseriram os inconfidentes no século XVIII, gerou um movimento de grande riqueza criativa, nas suas críticas políticas aos governantes coloniais e nos seus arroubos na produção de versos amorosos, como, por exemplo, na terceira parte do poema *Marília de Dirceu*, de Tomás Antonio Gonzaga:

148 HISTÓRIA DO BRASIL COLÔNIA

> Tu não verás, Marília, cem cativos
> Tirarem o cascalho e a rica terra,
> Ou dos cercos dos rios caudalosos,
> Ou da minada serra.
>
> Se encontrares louvada uma beleza,
> Marília, não lhe invejes a ventura,
> Que tens quem leve à mais remota idade
> A tua formosura.

As obras moralistas ou laudatórias (escritas para exaltar os feitos de algum personagem) também tiveram grande voga no século XVIII. É o caso dos livros de Matias Aires, de Nuno Marques Pereira e de vários outros. De fato, essa foi uma época rica em produção de projetos para melhorar o país e combater o que os contemporâneos identificavam como "chagas sociais". Dentre essas propostas de um futuro melhor para o Brasil, devemos destacar as de José Bonifácio de Andrada e Silva (conhecido mais tarde como "o patriarca da Independência"), homem de inteligência e visão singulares, que em dois documentos esquecidos (talvez convenientemente) sugeriu que só haveria progresso no país com a inclusão de negros escravos, índios e homens pobres; por isso defendia a difusão da instrução e a concessão de lotes de terra para o cultivo! Seu ostracismo posterior deve ser atribuído ao temor dos grandes latifundiários diante de sua visão abrangente da questão agrária. (Se tivesse vingado o seu projeto, que Brasil diferente nós teríamos hoje!)

No texto satírico, temos a figura trágica de Antônio José da Silva, o Judeu, que foi castigado com a fogueira pelas suas peças repletas de críticas e zombarias ao rei e à Igreja, imperdoáveis em um cristão-novo.

A História registra inúmeros exemplos de intelectuais (poetas, escritores, letrados diversos) em Minas e em todas as capitanias que, no final do século XVIII, já demonstravam interpretações sólidas e independentes dos problemas do Brasil, garantindo a possibilidade de sobrevivência da colônia com seus próprios esforços e capacidades.

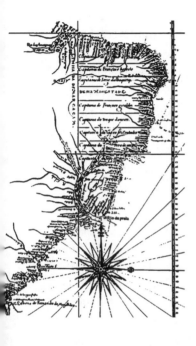

A caminho da Independência

O fim do sistema colonial no Brasil, como no resto da América, foi um processo violento que opôs colônia e metrópole, classes sociais, etnias e culturas. O caso brasileiro, embora tenha apresentado características originais e únicas na História em geral e da América em particular, foi influenciado pelo contexto europeu, tanto em termos de ideias quanto do desenrolar dos acontecimentos políticos.

Com relação às ideias, não há dúvida de que as que embasaram a luta contra o absolutismo na Inglaterra e, posteriormente, na França tiveram grande influência nas cabeças pensantes do Brasil. Tais ideias ganharam corpo com o desenvolvimento da burguesia, que, na Europa, procurava adquirir um poder político compatível com seu crescente poder econômico. No Antigo Regime (monárquico e absolutista), os burgueses tinham uma posição política secundária e até desconside-

150 HISTÓRIA DO BRASIL COLÔNIA

rada, muito abaixo da nobreza parasitária e consumista. Porém, em termos econômicos, enriqueciam em diversas atividades, como a conquista e exploração das riquezas da América (eram financiadores, armadores de navios, negociantes de escravos), o comércio e a indústria – primeiramente nas cidades italianas, na Inglaterra, nos Países Baixos, na Alemanha, na França e, um pouco mais tarde (nos fins do século XVIII), na Espanha e em Portugal. Não é de estranhar, portanto, que desenvolvessem reflexões, observações e finalmente teorias que denunciassem essa situação anômala de desequilíbrio entre poder econômico e político; fundamentaram um pensamento em que o trabalho ou acumulação e a criatividade deveriam ser valorizados e os homens, classificados pelo mérito pessoal e não pelo nascimento, pelo sangue. O individualismo e o espírito criador e empreendedor deveriam ser apreciados e utilizados pelo bem da sociedade. Também defenderam a criação de uma Constituição, documento no qual os direitos e deveres do cidadão eram codificados e deviam ser obedecidos pelos mandatários (os reis) sob pena de perda da posição de mando. (Entretanto, embora justificassem essas suas ideias como favoráveis a todos os indivíduos, englobados na denominação geral de "cidadãos", "povo" etc., na prática, grande parte da população acabava desconsiderada, já que a partilha "igualitária" de direitos era limitada por recortes e exigências como sexo, nacionalidade, alfabetização, trabalho, nível de renda etc.) De todo modo, foram ideias como essas que pautaram as revoluções Inglesa, Americana e Francesa e que acabariam afetando corações e mentes no Brasil como um farol dos que lutavam por maior participação política, liberdade de produção e comércio e até, para os mais radicais, por direito à educação e pelo fim da escravidão.

O Brasil, inserido como estava na economia mundial e ligado à política europeia via Portugal, também não poderia deixar de ser afetado pelos acontecimentos que abalaram a Europa no final do século XVIII e início do XIX, desencadeados, sobretudo, pela Revolução Francesa (deflagrada em 14 de julho de 1789). Não é o caso de detalhar aqui, em um livro sobre Brasil Colônia, o desenrolar desse processo revolucionário, bastando mencionar que seu ideário correu o mundo (alarmando reis e nobres, animando burgueses e populares) e que o líder de sua fase final, Napoleão Bonaparte, promoveu ataques e invasões a vários países da Europa a partir de 1798. Napoleão Bonaparte foi um general francês destacado nas lutas contra as monarquias de diversos países que se uniram para combater os franceses, procurando evitar que a Revolução que cortara a cabeça do rei e dos nobres na França contaminasse o resto da Europa. Essas coligações antirrevolucionárias estrangeiras foram contidas com relativo êxito, fazendo crescer o prestígio do general entre os franceses (e os liberais de outros países que o tinham como um libertador da tirania, interna e estrangeira). Isso lhe deu poder suficiente para dissolver o Diretório (que governava a França desde 1795), instalar o Consulado e se autoproclamar cônsul. (O entusiasmo dos liberais viraria decepção quando Bonaparte passou a criar, nos países que dominava, novas monarquias chefiadas por seus irmãos e generais de sua confiança.)

Enredado na política externa europeia, Portugal se viu envolvido em vários episódios das lutas das coligações contra a França em 1793 e 1801. Para tentar continuar a se manter no poder, a monarquia portuguesa reforçou sua velha aliança com a Espanha selada com o casamento do filho da rainha D. Maria i, D. João, com a infanta espanhola Carlota Joaquina. Quando não se conseguiu mais ocultar publicamente a loucura de D. Maria, D. João, apesar de pouco ativo e desinteressado dos problemas do governo, teve que assumir a regência do reino (porém, só adotou o título de príncipe regente em 15 de julho de 1799; exerceria o cargo até a morte da rainha, em 20 de março de 1816, quando, então, tornou-se rei de Portugal). O país se encontrava sob a pressão dos franceses que queriam esvaziar a coligação de monarquias contra a França (que incluía Espanha e Inglaterra, entre outros) estabelecida em 15 de julho de 1793. Além de suas ligações com a Espanha, os portugueses não queriam de forma alguma romper a aliança com os ingleses, consolidada desde o século xiv e reforçada pelos negócios de interesse comum e a manutenção do acesso da Grã-Bretanha aos portos portugueses. Por algum tempo, a principal "arma diplomática" de Portugal foi o pagamento de indenização e o suborno (com diamantes vindos do Brasil) para todos os diplomatas europeus envolvidos.

Em 1797, a tentativa de fazer um tratado de não agressão com a França fracassou; esse tipo de acordo era impossível, pois Portugal estava fortemente ligado à Inglaterra, cumprindo, assim, o mote de D. João v: "Guerra com todo mundo e paz com a Inglaterra". A Inglaterra era a garantia para Portugal, enquanto aliado privilegiado, do acesso português a todas as colô-

152 HISTÓRIA DO BRASIL COLÔNIA

nias americanas, africanas e asiáticas, graças ao domínio inglês dos mares (a marinha inglesa era muito poderosa e bem armada). Além disso, a Inglaterra produzia artigos industriais que eram trocados por ouro e açúcar do Brasil.

A guerra de 1801, da França contra Inglaterra e Portugal, foi deflagrada pela exigência francesa que dava apoio à Espanha em troca da entrega de possessões portuguesas aos vizinhos espanhóis. A guerra foi feita sem convicção, mas Portugal perdeu Olivença para a Espanha para sempre, enquanto no Brasil foram anexadas as missões do rio Uruguai pela colônia espanhola do Rio da Prata (um vice-reinado). Portugal assinou um tratado de paz com a França seguindo o exemplo inglês que subscrevera a Paz de Amiens em 1802. Porém, os dilemas de D. João continuaram e ele se aconselhava ora com seus ministros anglófilos (como Rodrigo de Souza Coutinho), ora com os francófilos (como Antonio de Araújo).

O medo de que Bonaparte invadisse Portugal cresceu quando ele se proclamou imperador na França e resolveu derrotar seu grande inimigo, a Inglaterra, tentando impedir o acesso dos ingleses aos portos do continente europeu. Assim, o imperador francês ordenou que nenhum porto permitisse o embarque e o desembarque de mercadorias inglesas sob risco de invasão – o que foi chamado de "bloqueio continental". A Espanha ofereceu auxílio aos franceses em troca das terras da região portuguesa do Algarve, que passariam ao domínio espanhol. A Inglaterra também esperava obter da família real portuguesa as mesmas vantagens que conseguiu da Espanha.

Diante dos crescentes perigos que ameaçavam a Coroa portuguesa na Europa, começou a ser aventada a hipótese de o governo português instalar a sede do Império no Brasil. Entre as principais preocupações, estava a de garantir a Portugal a manutenção da posse das terras brasileiras. Finalmente, em outubro de 1807, D. João decidiu colocar em prática o plano de transferir toda a Corte para sua colônia mais valiosa. Os ingleses passaram a apoiar ativamente o plano, fornecendo uma esquadra própria para proteger a esquadra portuguesa. Quando a esquadra inglesa chegou ao rio Tejo, os franceses invasores já estavam a poucas léguas de Lisboa. Em 27 de outubro, pelo Tratado de Fontainebleau, França e Espanha combinaram dividir Portugal entre si e declararam extinta a Casa de Bragança. Entre 27 e 28 de novembro, a nobreza portuguesa e os altos funcionários da Coroa, carregando bens valiosos e arquivos, abandonaram o povo português à própria sorte e embarcaram atabalhoadamente nos navios em fuga. A única pessoa da família real que pareceu se preocupar com o orgulho e a dignidade da realeza foi a "rainha louca", que gritou: "Não corram tanto, vão dizer que estamos com medo!" O desajeitado embarque amontoou 10 mil pessoas em oito naves, quatro fragatas e quatro brigues e corvetas. Em barcos em que o aconselhável era transportar no máximo 300 pessoas, viajaram 1.600!

A esquadra inglesa, comandada pelo almirante Sidney Smith, saiu do Tejo na tarde de 29 de novembro, e o general Junot à frente das tropas francesas entrou em Lisboa um dia depois.

Nos anos seguintes, os portugueses lembrariam a fuga da família real, dos nobres e altos funcionários como algo vergonhoso, sendo que algumas testemunhas do evento o descreveram como "grotesco". Mas a imprensa inglesa da época elogiou D. João como "um príncipe astuto e corajoso", capaz de atravessar o oceano para chegar aos trópicos, merecedor, portanto, de todo apoio inglês.

De fato, a transferência da Corte portuguesa para o Brasil foi importantíssima para garantir a economia inglesa e a posterior derrocada de Napoleão Bonaparte. Aliás, ele próprio admitiria, no *Memorial de Santa Helena* (diário que redigiu no seu exílio definitivo), ter sido derrotado em razão das facilidades abertas para a Inglaterra na América meridional: "... foi o que me perdeu".

A frota trazendo o príncipe regente e sua comitiva aportou na Bahia no dia 22 de janeiro de 1808. Desembarcaram em meio a grandes festividades sob os "Vivas" da população de Salvador. A colônia ficou aliviada, porque todos temiam o destino de Buenos Aires, que, anos antes, fora tomada pelos ingleses. Por outro lado, o Brasil tornava-se a sede do Império português, o que afetaria muito a dinâmica do poder local (como veremos adiante). O restante da frota (onde estavam a rainha, a princesa regente Carlota Joaquina, as filhas e sua comitiva) aportou no Rio de Janeiro; mas os passageiros ficaram nos navios esperando a chegada de D. João, que desembarcaria finalmente no Rio em 8 de março de 1808.

A medida mais urgente a ser tomada era a regulamentação da questão dos portos brasileiros, que até então eram fechados a todas as nações em cumprimento do princípio colonial do monopólio do comércio pela metrópole. Com a família real no Brasil, essa situação teria que ser mudada e, em 28 de janeiro de 1808, D. João assinou um decreto abrindo os portos "a todas as nações amigas". (Por algum tempo, a historiografia atribui a decisão de D. João às súplicas da praça comercial de Salvador e a interferência persuasiva de José da Silva Lisboa, funcionário da Real Junta da Fazenda, que pediu urgência na medida para facilitar as exportações e importações brasileiras. Pesquisas mais recentes, contudo, revelaram a existência de tratados secretos com a esquadra inglesa, feitos ainda no Tejo e assinados sob pressão, para que a Coroa garantisse a abertura dos portos para a Inglaterra, além de outros privilégios.) Nesse episódio, D. João demonstrou mais inteligência e esperteza do que lhe eram atribuídos, pois o decreto assinado não deu exclusividade aos britânicos, garantindo assim alguma autonomia aos portugueses.

Outras medidas importantes se seguiram, como: a criação de uma escola de Cirurgia em Salvador, para a qual foram nomeados diversos professores, brasileiros e portugueses; a autorização para o funcionamento de uma fábrica de vidros (o que contrariava o alvará de 1785 que proibia indústrias no Brasil); a aprovação da primeira companhia de seguros, chamada Comércio Marítimo, em resposta ao requerimento de homens de negócios locais.

Para agradar e obter maior apoio, D. João distribuiu comendas e títulos para os seus acompanhantes. Nomeou um novo ministério com o anglófilo Rodrigo de Souza Coutinho (conde de Linhares), substituindo o francófilo Antônio Araújo na pasta de Guerra e Assuntos Estrangeiros; o visconde de Anadia para a pasta da Marinha; e Fernando José de Portugal para Fazenda e Interior.

O conde de Linhares revelou-se um administrador muito ativo, dinâmico e interessado na modernização do Brasil. Era fascinado por máquinas, pela ciência e por livros que enviava para os que poderiam apreciá-los ou aplicar seu conteúdo em algo útil. Entre outras coisas, incentivou a criação de jardins botânicos onde se poderiam adaptar plantas exóticas como foi o caso das sementes de tabaco de Virginia (que, contudo, não deixaram traços). Mais bem-sucedida foi a introdução no Brasil das palmeiras da Ásia. Sua atividade frenética, sugerindo e criando novidades, contrastava com a apatia do restante da Corte e da colônia, onde as mudanças eram demoradas, o que lhe rendeu o apelido, dado por D. Carlota Joaquina, de *"El torbelino"* (O torvelinho).

A INSTALAÇÃO DA CORTE E A MUDANÇA DE *STATUS* DO BRASIL

Com a chegada da Corte, algumas estruturas coloniais foram se desmanchando e o Brasil foi adquirindo outro *status*. A adaptação e modernização da capital foi apenas uma das diversas alterações que levariam mais tarde à ruptura com Portugal e à Independência do Brasil.

Por ocasião da transferência da Corte, a acanhada cidade do Rio de Janeiro não estava preparada para abrigar os 10 mil recém-chegados e outros 15 mil que viriam nos anos seguintes; não havia casas suficientes. Muitos moradores foram desalojados, o que provocou bastante descontentamento. As letras PR pintadas nas portas das casas escolhidas significavam "Príncipe Regente", mas a população sarcasticamente dizia que significavam "Ponha-se na Rua!". Para instalar repartições públicas, D. João teve que deslocar inclusive ordens religiosas. Repartições e instituições da Fazenda, da Justiça, do Exército, da Marinha, além de escolas militares e do corpo de Polícia funcionaram por um bom tempo como residências particulares.

A transformação do Brasil em sede da monarquia portuguesa levou à criação de instituições de importância vital para a cultura. É o caso da Imprensa Régia (a partir de 13 de maio de 1808), possível graças à compra de máquinas inglesas, que abriu caminho para o aparecimento de jornais e livros impressos no Brasil (o que, antes, era proibido). Mesmo assim, a Imprensa Régia deteve o monopólio da impressão no Rio de Janeiro até 1821 (quando finalmente as tipografias particulares foram autorizadas) e controlou o conteúdo de tudo o que se publicava no país, censurando qualquer texto que não agradasse as autoridades. A cidade ganharia ainda uma biblioteca pública, com a abertura da Biblioteca Real, um teatro e uma escola de música, a Escola de Música e Canto Sacro da Capela Real (fundada em 15 de junho de 1808 e dirigida a partir de novembro pelo padre mulato José Mauricio Nunes Garcia, compositor de grande talento cujas criações são hoje consideradas patrimônio da cultura brasileira).

A vida econômica também foi incrementada. O primeiro banco – o Banco do Brasil – foi instalado em outubro de 1808, para impressão de moeda, câmbio e outros negócios. A criação de indústrias (proibidas desde 1785) foi também liberada, mas, devido à falta de conhecimentos e de interessados, essa atividade demorou a se desenvolver significativamente no Brasil.

156 HISTÓRIA DO BRASIL COLÔNIA

Em um primeiro momento, a liberdade repentina de comércio que permitiu ao Brasil ter acesso direto a produtos europeus provocou uma euforia e um descontrole de efeitos até cômicos. Europeus prejudicados pelo bloqueio continental imposto por Napoleão Bonaparte descarregavam no país suas mercadorias excedentes sem conhecer o mercado brasileiro, chegando a mandar produtos inúteis para o clima tropical. Um comerciante inglês, por exemplo, conta que viu no cais do porto do Rio de Janeiro um lote de patins para o gelo! Porém, segundo ele, alguns brasileiros espertos levaram esses patins para Minas para serem desmontados e adaptados para servir como facas e outras ferramentas.

Como havia excesso de mercadorias de todo tipo, os preços caíram e o nosso mercado conheceu uma grande oferta de produtos novos e baratos. Para diminuir o prejuízo, não voltar com os navios vazios e ter o que vender na Europa, comerciantes estrangeiros compraram produtos brasileiros da agricultura e da pecuária (algodão, couros, café etc.) com preço muito mais alto.

Em seguida, com a vinda de comerciantes mais experientes, as trocas se tornaram mais realistas e houve um equilíbrio maior. Assim, os únicos grandes prejudicados foram os comerciantes da metrópole que perderam de vez os lucros da intermediação secular e passaram a enfrentar concorrência.

A transferência da Corte portuguesa para o Brasil impulsionou iniciativas que visavam ao progresso econômico, como, por exemplo, aumentar o número de artigos feitos de ferro, metal que já se sabia existir em quantidade considerável no país. O governo que, no auge da mineração, proibira a extração e a fundição do ferro na colônia, agora considerava que essas atividades tinham urgência, já que eram básicas para o desenvolvimento das máquinas criadas pela Revolução Industrial na Europa.

As iniciativas progressistas não se limitaram à capital, estendendo-se às províncias. Em Minas, por exemplo, o intendente Manuel Ferreira da Câmara e o capitão-general conde da Palma construíram em 1809 uma fábrica de ferro no morro do Pilar, mas só em 1814, na terceira tentativa, conseguiram produzir ferro de qualidade suficiente para obter a aprovação do barão de Eschwege, um alemão entendido no assunto que realizou no Brasil valiosos estudos sobre a mineração.

Para criar uma fundição em Sorocaba (São Paulo), foram chamados diversos técnicos, como Varnhagen e o já mencionado Eschwege, que, em

1818, já exibiam os resultados de seu trabalho. (Varnhagen se instalou definitivamente no Brasil e seu filho, Francisco Antonio Varnhagen, entrou para a diplomacia e dedicou-se à pesquisa da história pátria, baseando-se em documentação inédita encontrada em arquivos portugueses e europeus. A sua ação de preservador e coletor de documentos serviu à redação de diversos trabalhos que lhe dariam o lugar de patrono da História do Brasil.)

Nessa época, a urbanização também ganhou a atenção das autoridades. Ao chegar ao Brasil, os governantes se depararam com cidades pequenas e encardidas. Mesmo no Rio de Janeiro, o calçamento era precário e havia uma espécie de vala no meio da rua por onde corria água suja. A higiene deixava a desejar. O esgoto propriamente dito era transportado em barris pelos escravos – chamados de *tigres* – para ser derramado na praia! Nesse transporte, os acidentes de derrubada de conteúdo eram comuns, embora os escravos cantassem ou gritassem para anunciar sua presença. A água chegava aos habitantes por meio de fontes públicas após passar por meio de aquedutos que só haviam sido construídos no fim do século XVIII. (Vestígios desses aquedutos ainda podem ser encontrados na cidade e fazem parte do patrimônio turístico local.) Mulheres pobres e escravos traziam barris até as fontes (abastecidas por nascentes da floresta) para enchê-los e depois os carregavam até as casas. O ambiente em torno das fontes foi observado por diversos artistas viajantes que retrataram tanto as brigas sem fim entre os escravos que lá iam para buscar água quanto o bate-papo amigável que ocorria nesse verdadeiro ponto de encontro – ambas eram situações que causavam desconforto e provocavam queixas de contemporâneos "brancos".

A chegada de milhares de imigrantes do reino, comerciantes e viajantes curiosos encorajou, para a moradia dos mais ricos, a construção de bairros mais bem planejados com ruas planas e calçadas adequadas em um local do Rio de Janeiro que ficaria conhecido como "Cidade Nova". Ali se ergueram os bairros de Catimbó, São Cristóvão e Mata Porcos – os preferidos dos portugueses privilegiados. Na direção oposta, surgiram os bairros Flamengo e Laranjeiras – habitados por ingleses e outros estrangeiros. Em pouco tempo, suas construções seriam imitadas pela aristocracia portuguesa, que passou a fazer chácaras no meio da floresta, um ambiente mais fresco e saudável que o da cidade propriamente dita (o centro antigo).

158 HISTÓRIA DO BRASIL COLÔNIA

Nas encostas da serra, mais ou menos rodeando a baía, floresceram na época da chegada de D. João as primeiras plantações de café que destruíram a mata Atlântica nativa, provocando deslizamentos e entupimento de córregos e fontes, com efeitos desastrosos para o fornecimento de água na cidade. (Porém, só em meados do século XIX o governo imperial adotaria medidas drásticas para deter a destruição. Nessa época, plantações de café e outras foram erradicadas de uma vasta área demarcada, onde passaram a ser replantadas espécies características da mata Atlântica, criando um dos espaços mais belos do Rio de Janeiro: a floresta da Tijuca. A área foi preservada também para garantir o suprimento de aquedutos e fontes, e para isso, com grande sabedoria, foi proibida a construção de casas no local.) Na época do governo de D. João, um dos diversos viajantes estrangeiros que aportaram no Rio observou que a vista da chegada, na baía da Guanabara, deslumbrava o visitante a ponto de parecer o paraíso, mas a visão da cidade desoladoramente suja e deteriorada, povoada por milhares de escravos seminus, lembrava os feios portos africanos.

Também no tempo de D. João, foi criado o Jardim Botânico, que abrigava plantas locais e espécies estrangeiras (parte delas importadas da Guiana Francesa). O primeiro objetivo do local foi produzir chá indiano e chinês (para seu cultivo foram trazidos imigrantes chineses), mas ao contrário do que fora planejado, a região não se prestava a essa planta. (O interesse pelo chá como possível produto de exportação não se limitou ao Rio de Janeiro; o coronel José Arouche de Toledo Rendon tentou – sem muito sucesso – plantar chá em sua chácara na região do atual bairro do Morumbi em São Paulo.) Já as maravilhosas palmeiras imperiais se adaptaram bem ao terreno e se tornaram um ícone de poder; fazendeiros em diversos lugares do país quiseram tê-las em suas propriedades.

A política externa

Em 10 de junho de 1808, logo após chegar ao Brasil, D. João declarou guerra à França. Em janeiro de 1809, conseguiu conquistar Caiena, capital da Guiana Francesa, com uma pequena frota de navios saídos de Belém. Não sabemos o valor do possível saque da cidade, mas a coleta de espécies vegetais, como a cana caiena (plantada depois no Jardim Botânico), foi muito importante quando plantada na região açucareira em substituição às variedades tradicionais, que eram menos doces. A permanência portuguesa em Caiena foi breve, pois o principal objetivo da invasão era usar a cidade em negociações com os franceses como moeda de troca por Olivença.

Negociar com os aliados ingleses foi mais difícil. Durante o episódio da fuga da família real para o Brasil, os ingleses haviam pressionado para que os portos brasileiros fossem abertos exclusivamente para a Inglaterra. Sem sucesso, passaram a exigir um porto livre em Santa Catarina, próximo ao rio da Prata, além de outros privilégios. As negociações com os ingleses resultaram nos Tratados de 1810, assinados em 19 de fevereiro pelos representantes de portugueses e ingleses, o conde de Linhares e *lord* Strangford, que deram à Inglaterra uma posição bastante privilegiada em comparação com os outros países. O artigo mais chocante (e prejudicial ao Brasil por quase meio século) era o que determinava que os produtos ingleses pagariam taxas de apenas 24% e 15% sobre os importados, muito menos que os 48% que costumavam pagar antes como os outros países. Anos depois, D. João VI se lamentaria da grande queda da renda da Alfândega.

Outro laço que uniu portugueses e ingleses foi o Acordo de Auxílio Mútuo Perpétuo. O Tratado de Paz e Amizade garantiu vantagens aos ingleses que completavam as do Comércio e Navegação e lhes deram uma situação privilegiada perante a Justiça portuguesa/brasileira, por exemplo, o direito de usar as madeiras brasileiras para conserto de navios, de serem julgados por tribunais exclusivos e a promessa do príncipe regente de que a Inquisição não seria estabelecida no Brasil. Os ingleses, pelo Tratado de Comércio, tiveram licença de atuar em todos os níveis de comércio nacional (também no varejo) e internacional. (Esses privilégios só seriam extintos em 1850.)

O diplomata brasileiro Hipólito da Costa, no seu jornal editado em Londres, definiu os Tratados de 1810 como "os mais servis e humilhantes", altamente prejudiciais ao progresso do país. Esses tratados selaram mais um capítulo na centenária aliança de Portugal com a Inglaterra, existente desde 1385. (Há alguns anos, eventos festivos realizados nos dois países comemoraram a mais velha aliança entre países europeus – mais de 500 anos!)

Outra questão de política externa ligada à transferência da Corte para o Brasil esteve relacionada à ambição portuguesa de estender os domínios da Coroa até o rio da Prata. A presença da família real em solo brasileiro parecia ser uma grande oportunidade para realizar esse sonho.

Na Espanha, Napoleão destronara o rei Carlos IV e, logo a seguir, seu filho Fernando VII – fato que despertou as ambições de sua irmã D. Carlota Joaquina, que sempre sonhara com um trono próprio. Ela enviou emissários para Buenos Aires dizendo-se a herdeira legítima de seu irmão e, portanto, com direito de assumir os domínios espanhóis na América. Procurou atrair para seu plano o embaixador inglês *lord* Strangford e o almirante da esquadra inglesa *sir* Sidney Smith. D. João, por sua vez, enviou à Buenos Aires, em 15 de março de 1810, um emissário oferecendo a proteção anglo-portuguesa contra uma possível invasão francesa na América. O governo de Buenos Aires, representado pelo *Cabildo* (Câmara Municipal), recusou ambas as propostas e a população agitada expulsou em 25 de outubro as autoridades francófilas locais. A seguir, o governo de Buenos Aires invadiu o Paraguai e depôs o governador espanhol.

Durante o ano de 1810, todos os governos espanhóis da América acabaram depostos e isso criou a expressão "fatídico Ano 10", o do fim do colonialismo espanhol na América.

Manobras e combates diversos começaram a ocorrer na região do rio da Prata: com as autoridades que passaram a governar em Buenos Aires (querendo manter a unidade do Vice-Reinado do Prata sob seu comando) e as populações locais com seus planos próprios, resistindo no Chile, no Paraguai, na Banda Oriental e no Peru.

No Paraguai, o líder local foi José Gaspar Rodrigues Francia, filho de um brasileiro de Minas Gerais. Em 1810, ele proclamou a independência paraguaia com relação à metrópole espanhola e assumiu por toda sua longa vida o título de *El Supremo Ditador*.

Na Banda Oriental (região do futuro Uruguai), assumiu o comando o comandante de Milícias (depois general) José Gervasio Artigas, muito querido entre a população local e o mais original dos *libertadores* (como são conhecidos na História os líderes dos movimentos de independência) porque, embora fosse grande proprietário, abraçou a causa dos campesinos pobres e prometeu-lhes a divisão das terras. Em seu plano, incluiu o mesmo destino para os índios missionados remanescentes comandados pelo índio carismático e excelente combatente Andresito, que odiava os portugueses e, com seus homens, inspirava grande terror à população do Rio Grande do Sul.

A CAMINHO DA INDEPENDÊNCIA *161*

Diante desse quadro, o governo de Buenos Aires – formado por latifundiários e grandes comerciantes – passou a temer a participação popular no levante da independência e acabou por aceitar o plano apresentado por D. João e *lord* Strangford de "defesa contra os franceses". Porém, no acordo assinado por Buenos Aires em 1811, os beneficiados foram os ingleses representados por Strangford; D. João saiu prejudicado e D. Carlota Joaquina foi simplesmente ignorada, porque seu plano previa um governo absolutista, o que desagradava os argentinos.

Com as derrotas de Napoleão na Rússia e na península ibérica e, finalmente, com a invasão da França pelos aliados anti-Bonaparte, os ingleses em 1814 passaram a insistir no retorno de D. João a Portugal, onde seria mais dócil diante das pressões da Inglaterra. D. João, contudo, resistiu e, agastado com a arrogância de Strangford, conseguiu que ele fosse destituído e chamado de volta para a Inglaterra.

Na Banda Oriental, a habilidade e o prestígio de Artigas continuavam a enfrentar os sucessivos exércitos de combates vindos de Buenos Aires e do Rio de Janeiro (D. João mantinha seu interesse na região). Na verdade, sua força advinha do povo cisplatino, incluindo os índios, que conseguiu estender a luta contra os que queriam dominar a região e resistiu até 1820. A derrota final das colunas chefiadas por Andresito e Artigas em abril daquele ano foi obra de uma expedição comandada pelo general português Lecor e seus *dragões* paulistas. (Artigas foi então expulso de Montevidéu e exilou-se no Paraguai em 23 de setembro de 1820, sob a "proteção" do ditador Francia, que o manteve praticamente preso por 40 anos, até sua morte. Artigas e Andresito representaram a luta pela independência com participação popular, democrática e com promessas econômicas que poderiam ter levado ao surgimento de um país de classe média, diferentemente do modelo latino-americano – que opunha um pequeno grupo de poderosos a um povo submisso e miserável – que passaria a vigorar nos Estados então criados na ex-colônia espanhola).

Em 1821, o território da Banda Oriental foi oficialmente anexado ao Brasil e assim permaneceria até sua Independência, na década de 1830, quando surgiria como "Estado tampão" entre Argentina e Brasil, porque os dois países se comprometeram a respeitar e defender a independência do Uruguai sem nenhuma obrigação para o nosso vizinho.

*

162 HISTÓRIA DO BRASIL COLÔNIA

Em 8 de abril de 1815, o Brasil foi elevado à condição de Reino, unido a Portugal e ao Algarve. Essa mudança de *status*, que enterrou definitivamente a condição de colônia, foi consequência de novidades no contexto europeu.

No Congresso de Paz, reunido em Viena depois da derrota e do afastamento de Napoleão Bonaparte, foram decididas questões complexas referentes à nova configuração da Europa e do relacionamento entre os Estados europeus. Portugal, por exemplo, queria de volta a cidade de Olivença tomada pelos espanhóis, e os franceses queriam Caiena.

Para não parecer tão fraco diante do poderio da França, Áustria, Rússia e Espanha, Portugal elevou o Brasil à condição de Reino em 1815; D. João, como "rei de Portugal, Brasil e Algarves", ficou morando no Rio de Janeiro (seu primogênito, D. Pedro, deveria partir do Brasil para comandar Portugal, mas não foi). O novo *status* do Brasil foi confirmado com *carta de lei* de 16 de dezembro de 1815, pondo fim oficial ao sistema colonial e ao monopólio da metrópole.

Nas negociações na Europa, Portugal acabou devolvendo Caiena, mas Olivença ficou mesmo com a Espanha.

A elevação do Brasil a reino implicou a igualdade com os portugueses e fez com que a diplomacia europeia respeitasse mais o país, agora um reino na América. O prestígio facilitou o casamento de D. Pedro com a filha do imperador D. José, da Áustria, a princesa Leopoldina (sua irmã Maria Luisa havia se casado com Napoleão).

A Missão Artística Francesa

A relativa pacificação da Europa facilitou o plano do conde da Barca, simpatizante dos franceses, de trazer para o Brasil artistas (pintores, escultores, arquitetos e artífices) que ensinariam suas artes a alunos brasileiros. O convite foi feito a um grupo francês que ficou conhecido como a "Missão Artística Francesa" e que, em poucos anos, deixou um testemunho precioso do panorama natural e humano do Rio de Janeiro e de outras regiões do Brasil. O jornal *A Gazeta do Rio de Janeiro* (em 6 de

A CAMINHO DA INDEPENDÊNCIA **163**

abril de 1816) assim noticiava a identificação do grupo (os trechos entre colchetes não estão no original do documento, são meus):

> Em o navio Americano *Caepe* chegaram do Havre de Grace a este porto as pessoas abaixo nomeadas (a maioria das quais são Artistas de profissão) e que vêm residir nesta Capital:
>
> *Joaquim Le Breton*, Secretário Perpétuo da Classe de Belas-Artes do Instituto Real de França, Cavaleiro da Legião de Honra [chefe da missão];
> *Taunay* (Augusto), Pintor, Membro do mesmo Instituto, trazendo sua mulher e 5 filhos [sua descendência se destacaria mais tarde no mundo intelectual brasileiro até os dias de hoje com, por exemplo, o historiador paulista Afonso d'Escragnolle Taunay, que deixou uma rica obra sobre nossa história];
> *Taunay* (Nicolau Antonio), Escultor, e traz consigo um aprendiz;
> *Debret* (J-B) Pintor de História e decoração;
> *Grandjean de Montigny* (Augusto-Henrique-Victor), Arquiteto [além de fazer a decoração das cerimônias oficiais, construiria diversos edifícios, divulgando a arquitetura em moda na época], traz sua mulher, 4 filhos, 2 discípulos e um criado;
> *Pradier*, Gravador em pintura e miniatura, trazendo sua mulher, uma criança e uma criada;
> *Ovide*, Maquinista, trazendo em sua companhia um Serralheiro com seu filho e um Carpinteiro de Carros;
> *Neukomm* (Sigismund), Compositor de Música, excelente Organista e Pianista [que formaria muitos músicos brasileiros], e o mais distinto discípulo de Haydn;
> *João Batista Level*, Empreiteiro de Obras de ferraria;
> *Nicolao Magloire Enout*, Oficial Serralheiro;
> *Pilet*, Curador de peles e Curtidor;
> *Fabre*, o mesmo;
> *Luís José Roy*, Carpinteiro de Carros;
> *Hypolite Roy*, filho do precedente e do mesmo mister.

Dentre eles, se destacou, desde o início, Jean-Baptiste Debret, que foi convidado a retratar a família real, os eventos oficiais e, durante anos, registrou os principais acontecimentos do Rio de Janeiro. Porém, o mais

164 HISTÓRIA DO BRASIL COLÔNIA

marcante de seu trabalho, tanto na época quanto em nossos dias, foram suas imagens do cotidiano e da população. Em sua tentativa de retratar os tipos brasileiros, colaborou como nenhum outro para criar uma identidade, mostrando aos brasileiros quem eles eram.

Alguns artistas voltaram à Europa depois de um curto período, outros ficaram por mais tempo ou morreram cedo. De todo modo, o trabalho desses homens foi de grande importância para o Brasil (embora, é claro, tenha havido problemas e ciumeiras nacionais – em 1820, por exemplo, foi criada a Academia de Artes, no Rio de Janeiro, onde os franceses deveriam ensinar, mas não foram muito bem recebidos). Contudo, eles não só transmitiram no país seus conhecimentos e ofícios, formando outros artistas, como também deixaram como legado as primeiras imagens do Brasil, com a publicação relativamente rápida de seus livros e álbuns (que deslumbraram a Europa) – antes deles, sobre o Brasil só havia breves relatos de viajantes e a obra do holandês Eckhout, no século XVII.

Embora, na época, a Missão Francesa e o desenvolvimento artístico (e o conhecimento científico, como veremos adiante) tenham tido grande apoio do governo no Brasil, o mesmo não pode ser dito dos planos, propostos por vários autores, de criação de uma universidade no país. (Isso só ocorreria bem tardiamente, no século XX!)

Cientistas estrangeiros

A Missão Científica (ou "missões", porque foram várias, patrocinadas por vários países) é o nome dado ao grupo de sábios cientistas apadrinhado pela princesa Leopoldina (austríaca, ela mesma naturalista) que chegou ao Rio de Janeiro em 15 de julho de 1817. A história da Missão Científica enviada pela Áustria, Baviera, Boêmia ao Brasil para pesquisar o país está estreitamente ligada ao casamento de D. Pedro com Leopoldina, selando uma aliança entre Portugal e o Império Austríaco.

Essa missão incluía, entre outros, os naturalistas bávaros Carlos Felipe von Martius e João Baptista von Spix. Spix e Martius estudaram a natureza do Rio de Janeiro, São Paulo, Minas Gerais, Pernambuco, Piauí, Maranhão, Pará e Amazonas. Ambos publicaram obras resultantes desses estudos (Martius publicou mais, pois Spix teve uma morte precoce). Além das pesquisas botânicas e zoológicas, Spix e Martius fizeram observações sociais muito úteis como fonte documental para os historiadores ainda hoje. João Emanuel Pohl, natural da Boêmia, por sua vez, explorou Goiás, Rio de Janeiro, Minas Gerais, Mato Grosso e Pará e revelou a riqueza mineral e botânica dessas regiões; seus estudos também são úteis até hoje.

Outros cientistas viajantes também estiveram no Brasil no início do século XIX. O russo Von Langsdorff, que havia sido representante diplomático junto ao governo de D. João, voltou ao Brasil em 1825 para liderar uma expedição do governo czarista com objetivo de fazer um levantamento científico das regiões de Mato Grosso e Amazonas. De composição heterogênea de diversas nacionalidades (franceses, alemães e outros), a expedição foi dissolvida pelas doenças tropicais, e o próprio Langsdorff voltou mentalmente perturbado para a Rússia. Contudo, seu rico arquivo (depositado no museu Hermitage, em São Petersburgo) ainda vem sendo estudado.

Henry Koster, John Mawe, John Luccok e Auguste Saint Hilaire (naturalista francês) deixaram descrições e testemunhos sobre a natureza e a sociedade brasileira que constituem um acervo de informações de imenso valor histórico e científico.

A Revolução Pernambucana de 1817

Enquanto o Rio de Janeiro avançava com as iniciativas progressistas, as regiões açucareiras do Nordeste como Bahia e Pernambuco se sentiam desprestigiadas, apesar dos lucros que ainda advinham da grande produção açucareira. Velhos ressentimentos do período colonial foram lembrados quando a Bahia perdeu as oportunidades de voltar a abrigar a capital da colônia. E Pernambuco continuava com a memória das derrotas do século anterior.

Os pernambucanos se sentiram particularmente injustiçados pela escolha do Rio de Janeiro para capital da Corte e depois do Reino Unido de Portugal, Brasil e Algarves, porque entre eles ainda predominava a ilusão de que o Nordeste era o responsável pela exportação da maior riqueza colonial, o açúcar. (Na verdade, essa região já tinha sido economicamente superada por outras áreas produtivas.) Alegavam ainda que a importância da sua luta

166 HISTÓRIA DO BRASIL COLÔNIA

contra os holandeses lhes garantia direitos especiais não respeitados pela monarquia. Além do apelo do velho regionalismo, contribuíam para a insatisfação dos pernambucanos – contra os "exploradores" (chamados por eles de *marinheiros*) e a Coroa – várias das ideias revolucionárias iluministas em voga na época. Essas ideias tinham lugar especial na Maçonaria. (A Maçonaria era uma sociedade criada no fim do século XVII e início do XVIII na Escócia e na Inglaterra por comerciantes e nobres de tendência liberal. Essa instituição defendia o progresso da ciência, a educação geral, a liberdade de produção e comércio e a liberdade religiosa, constituindo-se em um núcleo difusor do ideário do iluminismo e do combate ao absolutismo. No Brasil, do século XIX havia vários grupos maçons clandestinos.) O costume das elites de enviar seus filhos para serem educados na Europa (de onde traziam para o Brasil o ideário iluminista) somava-se aos contatos comerciais e ideológicos com membros da maçonaria inglesa que acabariam por influir no movimento que passaria à História com o nome de "Revolução Pernambucana".

O descontentamento dos pernambucanos em 1817 desembocaria em um movimento revolucionário que chegaria à ação com lutas contra o poder real e se estenderia pelos arredores de Pernambuco. Os conspiradores queriam, entre outras coisas, cortar os laços com a monarquia portuguesa (e, consequentemente, deixar de pagar-lhe impostos) e instituir um regime republicano na região.

Mas as autoridades ligadas à Coroa estavam atentas. Em 20 de janeiro de 1818, o desembargador da Alçada informava o governador-geral por carta da existência de uma *loja maçônica* em Recife frequentada pela maioria das autoridades militares de ordenanças e milícias, pelos filhos de senhores de engenho, por comerciantes franceses e pelo cônsul americano. Contudo, não se sabe ao certo seu nível de envolvimento no movimento revolucionário pernambucano. O personagem mais ativo era o comerciante Domingos José Martins, que se estabelecera em Recife em 1814, depois de chegar de Londres, onde aderira à Maçonaria. Contudo, os maiores propagandistas, até para fora da capitania, eram os religiosos formados pelo Seminário de Olinda, onde as ideias do iluminismo eram livremente discutidas na época. De fato, os conspiradores não eram muito discretos (até um jornal português publicado em Londres, *O Português*, mencionou o clima de revolta que vigorava em Recife), e muitas denúncias chegaram aos ouvidos do governador capitão general Caetano Pinto de Miranda Montenegro.

Em 6 de março de 1817, o governador convocou para o palácio os comandantes da tropa para discutir detalhes da repressão à conspiração em curso, que incluíam castigos físicos e até mesmo assassinatos. Em seguida, os suspeitos civis Domingos José Martins, padre João Ribeiro, o negociante Antônio Cabugá, o cirurgião Guimarães Peixoto e outros foram convocados. A ordem de apresentação dos oficias não foi obedecida e a tentativa de prendê-los resultou em mortes de vários deles.

Os rebelados responderam ao governador exigindo que deixasse Pernambuco. Montenegro fugiu de barco e, após sua partida, explodiu a alegria popular contra os portugueses com gritos de "Mata marinheiro" (marinheiro era um apelido dado aos lusitanos). Na algazarra, gritava-se ainda "Viva a pátria, morra marinheiro!". O líder da revolta, Domingos José Martins, organizou uma junta, à guisa de governo provisório, com seus companheiros de luta, da qual fez parte um representante de cada grupo de interesse contrário à dominação da Coroa portuguesa: ligado aos eclesiásticos, o padre e professor João Ribeiro Pessoa de Melo Montenegro; ligado ao grupo militar, Domingos Teotônio Jorge; pela magistratura, o advogado José Luis de Mendonça; ligado aos proprietários de terra, coronel Manoel Correia de Araújo; do grupo dos comerciantes, o próprio Domingos José Martins. Em 14 de março de 1817, para auxiliar o novo governo, foi criado um conselho de cinco pessoas: o comerciante Gervásio Pires Ferreira; o capitão-mor de Recife Antonio de Morais e Silva (autor do primeiro dicionário brasileiro); o ouvidor Antonio Carlos de Andrada, paulista, irmão de José Bonifácio (de brilhante carreira política no futuro); o deão de Olinda Bernardo Luis Ferreira; e o proprietário Manoel José Pereira Caldas.

Todos os oficiais foram promovidos. Os impostos foram suspensos. As pessoas passaram a ser obrigadas, sob pena de morte, a assinar "Patriota" junto a seus nomes. Na Quarta-Feira Santa, uma nova bandeira, a republicana (dividida ao meio: na parte de cima azul-escuro, uma estrela e um arco-íris e, na de baixo, um sol – segundo uma simbologia maçônica) foi batizada, numa curiosa mistura de crenças e doutrinas. A questão de criar ou não um novo país (desligado do Brasil) não ficou muito definida,

168 HISTÓRIA DO BRASIL COLÔNIA

principalmente pela heterogeneidade dos revolucionários e de seus níveis de informação. Alguns queriam se separar do Sul, mas a maioria esperava a adesão do resto do Brasil ao movimento.

Os revolucionários estabeleceram contatos com outros maçons em Londres e na Filadélfia (EUA) e proclamaram a fraternidade republicana com os Estados Unidos e a França. Contudo, os Estados Unidos não os apoiaram e até embargaram o envio de armas para os rebeldes porque, envolvidos em conflitos próprios, não queriam participar de um assunto tão longínquo e desconhecido.

O sucesso do movimento foi propagandeado pelos padres, obtendo, com isso, a adesão até dos oligarcas das famílias Cavalcante e Albuquerque, além de outros do Rio Grande do Norte, da Paraíba e de Alagoas. Apesar desses sucessos, a expansão do movimento revolucionário para as províncias vizinhas também conheceu fracassos, além de decepções com ex-partidários mudando de lado conforme seus interesses familiares e os ventos da reação.

Na Bahia, o governador conde dos Arcos mandou executar o padre Roma, ex-carmelita de Recife, participante e propagandista enviado para divulgar o movimento entre os baianos. No Ceará, foram presos os irmãos Alencar (José e Tristão) e sua mãe dona Barbara de Alencar (só seriam liber- tados em 1820), representantes de uma antiga oligarquia muito respeitada (e que existe até hoje). Outros revoltosos (como Cipriano Barata, proprietário que já participara do movimento baiano), no entanto, não foram punidos pelo governador de Pernambuco, apesar de denunciados desde 1798.

A reação repressiva organizada no Rio de Janeiro, Bahia, Alagoas, Ceará e Recife foi financiada pelos comerciantes dessas praças e que te- miam prejuízos nos seus negócios com Portugal. A Coroa enviou tropas que reprimiram os revoltosos com violência e eficiência, conseguindo sufocar a resistência comandada por Domingos José Martins.

Nos festejos da chegada da esquadra do Rio de Janeiro, enviada por D. João para combater o movimento separatista, até mulheres brancas, pardas, negras a saudaram com bandeiras por temor da violenta repressão que certamente viria.

Em 19 de maio, os revolucionários Domingos Teotônio Jorge, José de Barros Lima e o padre João Ribeiro fizeram uma retirada para o norte, rumo ao Ceará, com seus 2 mil soldados; ficaram acampados no Engenho da Paulista. Dissolveu-se a "República" e o padre João Ribeiro, desiludido, enforcou-se.

Como sempre no país, o comando da repressão começou pelos mulatos forros e crioulos, que foram postos a ferro e açoitados (300, 400 e 500 açoites). A participação popular na Revolução Pernambucana ainda é um aspecto pouco estudado, mas é fato que esse segmento – sempre disposto a participar de movimentos que lhe dessem vagas promessas de liberdade e melhoria de condições de vida – era facilmente punido em caso de fracasso, pois os vencedores temiam qualquer manifestação popular que pudesse desembocar em mudanças sociais radicais.

Domingos José Martins, o rábula Mendonça e o padre Miguelinho foram levados a ferros até Salvador, onde acabaram fuzilados. Domingos Teotônio, José de Barros Lima, Pedro de Sousa Tenório (vigário de Itamaracá) e o tenente de artilharia Antônio Henriques foram fuzilados em Pernambuco. Cento e quatro outros presos de mais peso social (membros da elite) foram mandados para a Bahia como condenados à morte, mas acabaram perdoados pelo rei com objetivo de acalmar os nordestinos.

O prestígio da monarquia no Nordeste ficou abalado por bastante tempo e o descontentamento pernambucano continuou existindo de forma latente (isso fica comprovado pela Revolução de 1824, feita depois da Independência).

D. João VI, rei do Brasil

Depois do seu afastamento do poder durante 25 anos por loucura, a rainha D. Maria I faleceu, aos 81 anos, em 19 de março de 1816. Os seus escudos reais foram quebrados em todos os pontos em que estavam expostos e substituídos pelos símbolos do novo rei. Segundo velho costume português, o novo rei não era coroado, mas "aclamado pelos presentes" em uma cerimônia durante a qual a coroa ficava exposta ao lado do trono até que o rei fosse aclamado como D. João VI, o que se deu no Rio de Janeiro em 6 de fevereiro de 1818, com grande pompa; a cidade foi decorada pelos artistas franceses, muitas casas e todos os prédio públicos se iluminaram para deslumbrar o povo e criar um clima de festa contagiante.

170 HISTÓRIA DO BRASIL COLÔNIA

Com a vitória do governo contra a Revolução Pernambucana de 1817 e os bons sucessos no rio da Prata, a impressão era de grande paz. Medidas "modernizadoras" continuaram a ser adotadas pela monarquia, como a criação do Correio (para o Sul depois estendido às outras províncias) e a instalação dos primeiros imigrantes suíços em 1818 em Petrópolis, numa colônia que visava iniciar a imigração europeia para a região com vistas a "melhorar o nível da população". Em 1817, acompanhando os avanços modernizadores – comemorados por alguns, considerados ainda tímidos por outros –, a Missão Científica chegou ao Brasil.

*

Enquanto os brasileiros assistiam a uma inversão radical na sua situação, passando de Colônia a Reino Unido (com as vantagens e o prestígio dessa nova posição), Portugal era um país empobrecido e humilhado que sonhava com um retorno às glórias do passado. Além de ter perdido o monopólio comercial, deixara de centralizar a administração do Império. Com isso, muitos portugueses que lá viviam perderam poder, influência, empregos, promoções e o controle da própria sociedade. A luta contra a invasão napoleônica custara muito em recursos e vidas e acabara com a submissão aos planos de uma potência como a Inglaterra, que lhes havia tomado o comando das forças militares e, no fim, até o governo do país, que passou a ser comandado pelo almirante inglês Beresford, odiado pela população. A situação só se acalmou depois do Tratado de Paz e o fim das batalhas na península.

Nesse contexto, se propagaram entre os portugueses ideias liberais contrárias ao absolutismo, que atraíram especialmente os comerciantes, os contratadores e os empregados públicos, mas também seduziram intelectuais e mulatos. Liberalismo paradoxal, pois era reivindicado para Portugal, mas com medidas de regime absolutista para as colônias. Queriam o Brasil de volta à situação de colônia com total submissão aos interesses de Portugal. (É preciso lembrar, entretanto, que essa posição contraditória não era exclusiva de Portugal; Inglaterra, França e outros seguiam o mesmo modelo e até mesmo os "democráticos" Estados Unidos da América não viam problemas em defender plenos direitos para "brancos" continuarem a explorar e submeter negros e índios.)

A facção mais revoltada (a dos comerciantes, contratadores e empregados públicos) iniciou uma revolta na cidade do Porto em agosto de 1820. Foi aclamada uma Junta Provisória do governo supremo do Reino que convocou eleições gerais em Portugal e colônias para eleger uma Assembleia Constituinte, seriam as chamadas *Cortes*.

Os revolucionários em Portugal queriam, para o seu país, eleições, direitos iguais para todos (menos os escravos) e uma monarquia constitucional com D. João VI e seus descendentes à frente. Para o Brasil, prometiam igualdade política (menos escravos e índios), mas reservavam total submissão administrativa e econômica, com a suspensão de todas as medidas que garantiam os direitos iguais dos brasileiros no comércio.

Os rebeldes pediram a aprovação de D. João VI à sua revolução e à Constituição (que ainda seria elaborada); queriam ainda a volta do rei a Portugal. Eles enviaram suas reivindicações ao rei em uma carta que chegou ao Rio de Janeiro em 17 de outubro de 1820.

A partir daí, começaram complicadas manobras políticas e debates entre os conselheiros do rei, que não se decidia logo a partir, esperando que os acontecimentos o favorecessem para poder ficar no Brasil, porque temia as exigências populares e, ao contrário de Carlota Joaquina, gostava muito de morar aqui.

Enquanto isso, em algumas províncias brasileiras (como o Pará), brotaram sublevações, não muito grandes, mas que visavam a mudanças políticas com nuances diversas: umas queriam separação total de Portugal, outras aceitavam a união com Portugal desde que fosse sob um governo liberal... Na Bahia, também houve um movimento, mais complexo, que contrapunha facções diversas (*europeus, democratas ou federalistas, aristocratas*) também divididas entre a permanência da Bahia na União ou a ruptura com Portugal e a criação de uma espécie de federação que poderia incluir Portugal. Porém, diferentemente de outras regiões agitadas, na Bahia havia um forte núcleo de simpatizantes das Cortes em razão do grande contingente militar português ali estacionado que prenunciava a resistência até 1823.

Quando as notícias sobre a agitação na Bahia chegaram ao Rio de Janeiro, em 17 de fevereiro, desencadeou-se um complicado processo de idas e vindas e debates entre as diversas correntes políticas no país. Uns queriam a aprovação da futura Constituição de Portugal com as devidas adaptações para o Brasil; outros sugeriam a partida imediata do rei, acreditando que isso acalmaria a situação; outros queriam a partida de D. Pedro, ficando D. João no Brasil. Nas discussões a respeito do que fazer diante das circunstâncias, estavam envolvidos, além de políticos e funcionários do governo, brasileiros de todos os grupos sociais insuflados por jornais e panfletos de diversas correntes que cresceram em grande número nessa época.

D. Pedro se propôs a mediar o conflito e o fez aceitando o juramento da Constituição a ser elaborada pelas Cortes e a partida do rei, seu pai. A população do Rio de Janeiro manifestou sua alegria aplaudindo D. Pedro, os novos ministros e até o rei, que foi retirado da carruagem e carregado em triunfo. Ninguém queria correr o risco de o Brasil voltar à situação anterior de colônia, um mero apêndice de Portugal.

Nessa época, D. Pedro era uma figura relativamente querida no Rio de Janeiro. Criado no Brasil desde os 9 anos de idade, recebeu durante um bom tempo pouca atenção, uma vez que o herdeiro era seu irmão D. Sebastião, o que se refletiu na sua educação pouco profunda (embora tivesse vocação para a música; mais tarde comporia o Hino da Independência). Interessava-se pelo exercício das armas, gostava de cavalgar por grandes distâncias e de se divertir com amigos de todo tipo.

No dia 7 de março de 1821, D. João decidiu finalmente partir, deixando o príncipe D. Pedro como regente no Brasil.

D. Pedro era apreciador das ideias liberais, mas capaz de tomar atitudes autoritárias, quando contrariado. Logo revelou suas tendências para atos de repressão rigorosa quando dissolveu com força militar os amotinados de 21 de abril na Câmara Municipal do Rio de Janeiro que o haviam obrigado a aceitar a Constituição ainda não escrita!

A 24 de abril, o rei despediu-se a contragosto do Brasil e embarcou com sua comitiva. Nela, iam a rainha Carlota Joaquina, os outros filhos, cortesãos, muita bagagem e 50 milhões em moeda. D. João VI nunca escondera sua predileção pelo Brasil, enquanto Carlota Joaquina detestava tudo a ponto de, na hora da partida, sacudir os sapatos no navio porque não queria levar consigo "nem o pó" do Brasil.

*

Contudo, a situação política no Rio de Janeiro continuava confusa, com jornais de diversas tendências (sem definição clara por interesses de grupos ou classes, devido ao nível cultural da população), mas que alimentavam certezas quanto à necessidade de o Brasil separar-se de Portugal. Todos os brasileiros – menos alguns poucos fiéis a Portugal – acreditavam que o melhor para o país era: autogoverno com Congresso, votos, liberdade de expressão e de produção econômica.

O apoio dado à manutenção de D. Pedro como monarca constitucional tinha um caráter acentuado de oportunismo político, com a preservação de um elemento unificador de um país imenso, dividido pelos regionalismos ciumentos das elites locais. A única coisa que todos os poderosos temiam, unanimemente, era a massa de pobres (negros e mulatos livres) e escravos, que abarcava de 70% a 80% da população e que poderia aproveitar qualquer clima de agitação para mudar radicalmente a sociedade.

Leituras complementares

ANTONIL, André João (João Antonio Andreoni). *Cultura e opulência do Brasil*. São Paulo: Companhia Editora Nacional, s. d.
AZEVEDO, Fernando de. *Canaviais e engenhos na vida política do Brasil*. Rio de Janeiro: IAA, 1948.
BOXER, C. R. *A Idade do Ouro do Brasil*. São Paulo: Companhia Editora Nacional, 1963.
_____. *Relações raciais no Império Colonial Português, 1415-1825*. Rio de Janeiro: Tempo Brasileiro, 1967.
BRITO, Rodrigues de. *A economia brasileira no alvorecer do século XIX*. Salvador: Livraria Progresso, s. d.
CALMON, Pedro. *História do Brasil*. Rio de Janeiro: José Olimpio, s. d., v. 1-4.
CORTESÃO, Jaime. *Alexandre de Gusmão e o Tratado de Madri (1695-1735)*. Rio de Janeiro: Instituto Rio Branco, 1952, 12 v.
ELLIS, Myriam. As bandeiras na expansão geográfica no Brasil. In: HOLANDA, Sérgio Buarque de. (dir.). *História geral da civilização brasileira*. São Paulo: Difel, 1963.
FREYRE, Gilberto. *Nordeste*. Rio de Janeiro: José Olimpio, 1937.
GODINHO, Vitorino Magalhães. *Estrutura da antiga sociedade portuguesa*. Lisboa: Arcádia, 1975.
LEITE, Serafim (org.). *Cartas dos primeiros jesuítas do Brasil*. São Paulo: Comissão do IV Centenário, 1954, 3 v.
MELLO, Evaldo Cabral de. *A fronda dos mazombos*. São Paulo: Cia. das Letras, 1995.
MESGRAVIS, Laima. Os aspectos estamentais de Estrutura Social no Brasil Colônia. *Estudos Econômicos*, v. 13, n. especial, IPE/USP, 1983.
PINTO, L. A. Costa. *Lutas de família no Brasil*. São Paulo: Cia. Ed. Nacional, 1949.
PRADO JR., Caio. *Formação do Brasil contemporâneo*. 5. ed. São Paulo: Brasiliense, 1957.
PRIORE, Mary Del (org.); BASSANEZI, Carla (coord.). *História das mulheres no Brasil*. 2. ed. São Paulo: Contexto, 1997.
SILVA, Luis da S. Pereira. *Privilégio da nobreza e fidalguia de Portugal*. Lisboa, 1806.
TAVARES, Francisco de Muniz. *História da Revolução de 1817*. S. l.: Imprensa Industrial, 1917.
VILHENA, Luis dos Santos. *Recopilação de notícias soteropolitanas e brasílicas*. Bahia: Imprensa Oficial do Estado, 1921, 2 v.

GRÁFICA PAYM
Tel. [11] 4392-3344
paym@graficapaym.com.br